原生家庭

伴随你一生的心灵力量

刘昭◎著

文化发展出版社
Cultural Development Press

图书在版编目（CIP）数据

原生家庭 / 刘昭著． — 北京 ：文化发展出版社，2020.3

ISBN 978-7-5142-2947-9

Ⅰ．①原… Ⅱ．①刘… Ⅲ．①家庭－社会心理学－通俗读物 Ⅳ．①C913.11-49

中国版本图书馆 CIP 数据核字（2020）第 018925 号

原生家庭

著　　者：刘　昭

责任编辑：侯　铮

产品经理：杨郭君

监　　制：白　丁

出版发行：文化发展出版社有限公司（北京市翠微路 2 号）

网　　址：www.wenhuafazhan.com

经　　销：各地新华书店

印　　刷：嘉业印刷（天津）有限公司

开　　本：700mm×980mm　1/16

字　　数：192 千字

印　　张：16.25

版　　次：2020 年 7 月第 1 版　2020 年 7 月第 1 次印刷

I S B N ：978-7-5142-2947-9

定　　价：45.00 元

本书若有质量问题，请拨打电话：010-82069336

序言

原生家庭理论，其实是近几年才兴起的，但自从被提出，就引起了人们的广泛关注。虽然它并没有被定义为一个精准的专业概念，但出于心理学许多概念的支持和人们感同身受的理解，它迅速成为了焦点。人们仿佛终于找到了自己的“来处”：自己是怎么成长起来的，这个过程中都经历了什么，是否有一些问题和困扰可以追溯到原生家庭的关系里，或者自己和恋人之间爱恨情仇的起源。

这样的追溯显然是有意义的，因为从它的视角，首先就回答了哲学三大经典问题：我是谁、我从哪里来、我要到哪里去。而在这里我可以大胆地做一下解释：“我是谁”的“我”，不仅仅是我们感受到的自我，更是精神动力学流派常常提到的“潜意识”的“我”，因为能够被意识到的自己只是很小的一部分，潜意识才是引领我们的关键。那么在对原生家庭的追溯中，我们就可以看到它在我们的潜意识里留下了怎样的印记，而这才形成了真正的、全部的、完整的“我”。所以“我是谁”这个问题，就以这样的方式给出了一个非常重要的解读。而关于这部分，本书以案例的方式谈了许多。可以说，当一个人开始觉察到自己和父母之间的过往与联结时，也就意味着他正在试图探索和拼凑一个真正的自己。

“我从哪里来”，则可以被拆分为许多细小的问题。比如：我从一个怎样建构的家庭中来，这个家庭具有什么样的功能、缺失什么样的功能，父母之间的关系是怎样的，他们对建立这个家都做了什么，或者还可以加上更久远的追溯：他们是什么样的人，是什么促使他们在一起的，等等。因为只有更清晰地了解“我从哪里来”，才会对“我是一个怎样的存在”有着更为准确的定位。

“我要到哪里去”，似乎是一个最有意义的问题。如果说前两个问题是在追溯过去，那么最后一个问题就要回到当下了。它的意义在于当我们看清了自己是谁，为什么会成为如今的自己，也就因此得到了最大的自我掌控。于是接下来的路，就会被牢牢地攥在自己的手里。所以“我要到哪里去”，看似是一个疑问，却更是获得本身，因为只有在清晰认识自我的基础上我们才会获得真正的自主。而在本书中，每个案例的最后其实都在提出这个问题，虽然每个人都有自己不同的解答，但这恰恰就是最为珍贵之处：我要到哪里去，是我的选择。

原生家庭的视角，还有一个更加重要的意义，那就是打破宿命论。“宿命”，在我们不能够清晰认识自己的时候，就如同一只看不见的手，操控着我们的人生。我们常常不知道自己为何是如今的样子，或者会面对一些“明明不想却也做出”的选择，这一类的“痛苦执着”其实都有其背后的逻辑。而这种逻辑的根源，就出自我们的过去。当我们在安全的境地里，试着一层层剥开自己的防御，也许就会发现一个更为隐秘的内心。它可能就是更早期的我们，但一直默默地引导着未来的自己。

有许多人说，过分地谈原生家庭，是一个推卸责任的方式。因为当一个人将所有当前的不如意都归咎于原生家庭时，他就无法给到自己承担的动力。关于这一点，我有不同的理解：对于原生家庭，其实怎么谈都不过分。因为谈、尽情地表达，甚至发泄怨恨和愤怒，才能将浓烈的情感释放。越是在亲密关系中习惯压抑自己，越意味着对这部分会有各种复杂和难以言说的情感。而当这些不被允许呈现和接纳，也就衍生了各种各样的问题。反过来说，当我们理性地看待这件事，似乎也更像是一种防御，防御我们会被愤怒的情感淹没而走向失控，失控的糟糕结果之一是“整个人会废掉”，之二则是“担心因此抛弃父母或者被父母抛弃”。

作为一个精神动力学流派的心理咨询师，我不仅是和来访者工作，更是和每一个从原生家庭中走出来的人打交道。他们的故事、经历、人生体验看似全新而陌生，但若细细追溯，没有一件事会脱离早年与父母之间的互动。心理学家弗洛伊德说过一句话：六岁之后没有新鲜事。这意味着我们未来的样子，其实都源于婴幼年发生过的一切。而这，也是我撰写此书的原因之一，虽然案例并非完全真切，但我致力于从分析的角度掀开每一个或纠缠或复杂的人生一角，同时亦提供一种探索自我的方式。如果这些案例让你们有似曾相识的感觉，那并不是我偷窥了你们的生活，而是某些感受或者情境本质上是类似的，所以才会有“感同身受”这一说。当然更重要的是，只有我们存在共同性，这些案例才有起到作用的可能。

在最后，我想说的是，其实没有绝对完美的家庭，也没有绝对理想的父母。这就如同我们的存在一样，优点、缺点都是并存的。但这恰恰就是我们存在的意义：完美缺乏人性的温度，真实才更鲜活和值得珍视。

目录

第1章

原生家庭中的角色错位

每个人都有自己的原生家庭。

它意味着我们还是个孩子，和父母在一起，还没有成长到可以结婚建立一个属于自己和伴侣的新家庭。

原生家庭，就是塑造我们的原始模板。我们是怎么在这块模板上被创造出来的，留下了怎样的印记，它又是如何塑造出了我们未来可能会成为的样子，这一切，我们都会在对原生家庭的探索和追溯中寻找到踪迹。

严格来说，每一个原生家庭都是被选择的结果，因为父母是成年人，无论他们因为什么做出的选择，都算作成年人的决定。但相比而言，我们的出生却是没的选。也就是说，我们会生在一个怎样的家庭里，我们会拥有怎样的父母，他们会如何对待我们，这都是我们无法决定的。

从这点说，我们生来就是无奈、被动和无力的。

我有个来访者曾经非常感慨地说，如果她不是生在现在的家庭里，也许会有更健康的人格、更美好的人生。虽然这种感慨带有某种推卸责任的意味，但我能感受到，她在幻想着能有一种自主性，决定自己生在一个更好的家庭里。

正因为原生家庭对我们来说无比重要，因此我们特别期待家庭的功能也都是良好的。而一个建构良好的原生家庭，父母的角色需要站得住。也就是说，父亲担当起父亲的角色和责任，母亲也担负起她应有的角色定位。

那么，他们的角色和任务分别是什么呢？

母亲和婴儿最初是一体的，所以母亲对于孩子来说就是最亲密的联结。心理学家温尼科特曾经说：婴儿不是独立存在的，他需要依靠母亲来生存下去。甚至在婴儿早期的感觉里，母亲还不是一个独立的人，而是他的延伸。这种独特的关系，就让母亲和孩子天然具有一种紧紧相连融为一体的感觉。哪怕是随着年龄增长，父亲的角色也变得重要起来，但母亲，仍旧会占据着一个非常重要无可取代的位置。

在孩子的眼里，母亲就是一个温暖的港湾。她包容着我们，给我们创造出一个安全舒服的环境，就好像最初在母亲子宫里的感觉，那里永远都是我们的安全屋。当我们在外面遭受了挫折或者痛苦，我们第一时间就会希望回到这样的一个地方去，窝在那里如同一个婴儿，来安抚自己的内心。

而父亲，则是慢慢才进入我们的世界的。他的出现，让我们看到了另外一种新的角色：男性的力量、责任与权威感。我们会从对父亲的认同，来让自己变得更有力量，更能承担，更具有抗挫力。

如果父母都站在属于他们的位置上，发挥他们的作用，那么我们也会站在孩子的位置上安心成长，但是，若他们的角色有所错位呢？

无法认同女性身份的母亲

失恋的困惑

小青是一所重点大学的研究生，专业方向是计算机。因为学业优异，刚刚毕业就被网络上一个非常知名的公司聘用，前途一片大好。同学们都在羡慕她的时候，她却并没有想象中那么开心。因为，她刚刚失恋。

这已经是今年第三次失恋了。学业上的优秀并没在恋爱上有任何帮助，她和恋人之间总是出现许多难以解决的问题。比如这一次，男友觉得她太强势，不温柔，说跟她的相处总好像有种和“哥们儿”相处的错觉，于是相处了三个月，就主动提出分手了。

小青并没有太伤心，但她很困惑。恋爱对于她，就像一个解不开的难题。而对一向都拔尖的她来说，这是不能想象的。

她回顾了自己之前的几次恋爱，发现男生对自己的评价基本一致，都觉得她硬邦邦，性格强势，没有女人味，跟她谈恋爱并没有男女之间的感觉，而更像是同性朋友。

小青其实也知道自己的个性。

只是她无法理解身边女孩的样子，她们说话软绵绵，眼神很撩人，打扮时尚性感。更重要的是，她们似乎总将男生看成是可以完全依靠的存在，一旦有了男友自己什么都做不了了，而这些都是小青所鄙视的。

但这种鄙视的源头，其实是来自她的母亲。

小青出生在一个幸福的家庭里，作为独生女，父母可以说将所有的爱都毫无保留地放在了她身上。如果说一个人在原生家庭里缺爱可能会导致问题的出现，那么对小青来说，这完全不存在。

只是有一点，小青的母亲太过强势。

强势到什么程度呢？她每每感觉母亲更像个男人，而父亲却像个女人。家里是母亲说了算的，大事小情都由她来管，甚至她的工作也好过父亲，家里的开销基本都是她赚来的。用现在的话说，母亲是个不折不扣的女强人。

而另一个“母亲更像男人”的证据就是她从来不打扮的。她很鄙视那些穿着很“女性”的女人，觉得那就是不正经、下流的代名词。虽然她没有直接这样教育小青，但她的态度，就已经算是对小青的言传身教了。

而小青，可以说是母亲的翻版。她在学习上从来都努力刻苦，能争得第一名绝不会屈居第二。她有着很强的斗志与意志力，就好像一头豹子，看准目标就摩拳擦掌，从不犹豫。

但如今，在恋爱问题上她却栽了跟头。

小青第一次感到人生并没有那么简单，好像并不是处处都可以通过努力、竞争就能实现自己的愿望。她也第一次对于“什么是女人，要怎么做一个女人”感到非常困惑。

母亲的拒绝认同

小青的母亲，其实也无法认同女性。

这就跟她在家里的角色一样，占据着原本属于男人的位置。而她的另一半，虽然看起来是个男人，却实际上如同“被阉割”了。男性的力量、权威感，作为一个父亲的责任，似乎被统统剥夺掉，他只能当家里的“女人”了。

一个女人会如此强势，通常原因是很多的。

比如，她出生的家庭，可能让她根本没有位置。也许是重男轻女，也许是排行，也有可能是其他的原因。总之，当她根本得不到父母的宠爱和关注时，她就只能通过“抢夺”来争取位置。而对于一个孩子来说，这样的经历常常是刻骨铭心的。因为孩子没有父母的爱，就如同濒临危险的境地，很难保证好好地活下去。于是这种危机感就被刻在了内心深处，根深蒂固。就算长大后不会再遇到这样的情况，也依旧可能用这样的心境来面对生活，因为——“我害怕自己再次回到那种境地”。

另外，当她作为一个女性却无法认同女性，还可能有一种深层的信念是：女人是没有价值和地位的。

而这在她的身上也完全说得通。因为她撑起了家里的这片天，价值无可比拟，如果她不在，这个家就好像塌掉了。所以她的地位自然就无比牢固。当她“如同男人一样”获得了自己的价值和地位，那么她作为一个女性的危机感，就被大大地缓解了。

而女性魅力在她眼里，是和“道德上的批判——不正经、下流”联系在了一起。我很难说这源于什么，但似乎在她的感觉里，如果一个女人像女人，散发出女性的魅力，这会让她感到非常害怕。她无法享受作为一个女人的身份，更无法让自己充满女性魅力，可以想象也许这对她是有诱惑力的，但有多诱惑，就有多可怕。

她很爱自己的女儿，但她也同样害怕女儿成为一个女人。这会触发她内心里对于女性的感觉，无论是恐惧，还是排斥。而让她感到庆幸的是，女儿完全认同了她。在这个家里，女儿以“另一个她”的方式抛弃了对父亲的认同，于是，这个家里再也没有女人了。

对于女性身份的矛盾

可是，小青的内心是矛盾的。

她在情感上有着强烈的需求，她的前男友们，都是她一眼就看上的。要么高大帅气、要么刚毅果断，最后这个还有些英武的味道，可以说他们身上的男性气质，深深吸引到了她。

可是，在他们面前，她完全没有办法做到女人的样子。或者说，她根本不知道什么样才算是女人，是母亲那样的，还是身边的人？

而且，有一种特别强烈的冲突在她心里不断上演。如果自己试着改变，就好像是对母亲的背叛。但若自己不去改变，又好像确实不像一个女人，而一个从外表到内心都更像男人的女人，又要怎么谈恋爱呢？

于是，小青带着这样的矛盾去见了心理咨询师。在她那里，小青慢慢地寻找到了答案。

认同与分离

我们每个人在成长过程中，都会经历对父母的认同。这样会在自己的心里内化父母的形象，一方面成为母亲（或者父亲）那样的人是孩子的一种愿望，另一方面，这同样帮助孩子在心里建立一个理想化的形象，促使其更好地成长。

而小青，就是在对母亲的认同下，成长起来的。这样的选择对小青曾经是有利的。因为母亲更强大，更有力量，在家里占据着绝对的位置，对外的功能实现得也更好，由此就形成了一个完美的榜样，激励着小青发展出更好的自己。

但对于女性的认同方面，她继续跟随就无法走下去了。可是要不要走出来，怎么走出来，都将是小青面对的巨大难题，因为这里面涉及另一个主题：分离。

孩子与父母，总会有分离的时候。现实层面的分离我们常常会经历过很多次。比如离家到学校住宿，孩子考大学，长大结婚建立自己的家庭。但这些还不是最重要的分离时刻，精神层面的分离才是最关键的。

比如，小青就难以改变自己，因为这意味着对母亲的背叛，而背叛其实等同于分离，意味着她从此可以以自己想要的形象和个性来生活了。但她的惧怕也源于此。分离既是痛苦的，也是危险的，如果自己成为了另外一个样子，是不是母亲会很痛苦，也可能不要我了呢？

这些担心，才是她迟迟无法做出改变的深层原因。

分离的艰难

分离之所以是一个痛苦的主题，是因为它总在面临着失去。

“来到这个世界之前，我生活在一个安全、温暖、柔软的地方，在那里，我饿了就有的吃，累了就睡，一个姿势僵硬了就动动手脚，仿佛一切都是美好的。有一天，我游走到一个狭窄通道的入口，被一股无名的力量推动着涌进那里，脑袋、身体统统被挤压着，一点点挪移，就在几乎不能呼吸的一瞬，赤裸裸的我被硬生生地拉扯出来，惊慌、不安，我放声大哭。同时，周身被包裹的温暖和安全也没有了，此时的新世界对我来说是危险的。”

这是心理学家曾奇峰对奥地利精神分析学家克莱因客体关系理论的解读。[《曾奇峰精神分析理论研修》（中级理论）] 同时也让我们看到了最早的分离，是怎样的一种强烈体验。

分离就意味着会抛下过往你所拥有的，而每一次的分离，都是在和过去告别。如果这个过程是被迫的，就将面临着更多的痛苦与恐惧。

小青正是基于这样的担心。她对母亲的认同，也是一种深深的依赖，能够一直在母亲身边，始终是那个让她感到满意和骄傲的女儿，这是小青内心深处最强的动力。如果这些会失去，这将是她无法想象的。所以在成为一个女性和依旧是母亲没长大的女儿之间，她让自己执着停留在后者的位置上。

在咨询中，咨询师问了小青这样一个问题：是否你成为你自己，对你的母亲来说同样是一个丧失？小青愣住了，但她瞬间就明白了自己的担心源自何处。

原来自己的母亲，才是那个更无法接受分离的人。她用自己的强势紧紧抓住丈夫和女儿，用自己的能力全权负责着这个家，在她强势的掌控背后，藏着的是曾经没有被那么爱着的脆弱的小女孩。而小青，以女儿的身份安抚了母亲的恐惧，以对母亲的认同来维持她的拥有。她的担心，其实正是母亲将自己潜在的感受传递给了她。

分离，对母亲来说才是最大的艰难。

母亲才害怕被抛弃

小青的母亲是经历过创伤的，这种创伤未必是我们常态意义上说到的身体与精神上的虐待、重大丧失或是生存和成长中的现实危机。而是当她还是一个孩子时，她所经历过的所有无法承受的，在内心深处留下阴影的事件。

因为孩子对于事情的理解还都是简单而绝对化的，遇事只会从好、坏来区分，没办法从多重的角度去诠释人和事。所以当父母没有意识到和尝试对孩子给予解释，就很容易对孩子造成伤害而不自知。

小青对咨询师说过母亲的经历：姥姥曾经在母亲两三岁的时候离开过家去学习，在外面大概一年的时间，中间只回过三次家。母亲对那时的自己有着清晰的印象，总是朝家门外的方向去看，等待姥姥归来。在屡屡失望后她开始慢慢学会自己去玩，而当姥姥真的回来后她表现得并不那么兴奋和亲热，而是依旧缩在角落里漠然地摆弄自己的东西。在她的父母看来，这不过是许久未见的陌生，如果他们对孩子是有期待的，还可能因此对孩子感到失望和不满。比较常见的说法是：孩子怎么和我这么生分，怎么完全不想我。但从孩子的角度去看，她只能用压抑自己的思念和隔离对母亲的情感来建立一道防护墙，以防止无法预期的母亲再次离开所造成的恐惧和伤害。而父母的无法理解和责怪，还会加剧这种创伤。

当现实层面的分离没有给予时间、空间，更重要的是对孩子缺乏感受上的敏感与重视，就会给孩子留下可怕的印象：分离就是被抛弃，那太痛苦和令人恐惧了，而分离本身，就是“你不够爱我”的表现。

所以分离这个主题在小青的母亲这里，就是非常艰难的。在现实中，她勉强接受孩子迟早会离开自己，但在内心里，她难以面对这一天的到来。而小青要和一个男性谈恋爱，成为一个真正意义上的女性，最终会走向属于自己的生活，只是这样的开端对她来说就已经无法想象了。

但当小青接收到了母亲传递出来的信息，在潜意识里忠诚于她，却对小青造成了另一个层面的桎梏与创伤：她无法让自己成为一个女性。

如何分离才不会受伤

在咨询室里，小青问了咨询师一个问题：如何分离才不会受伤？

小青的提问，正说明了她两难的处境：一方面她害怕母亲受伤，不希望因为自己与母亲分离而使母亲痛苦，在她的心里，母亲似乎不再是那个强大的母亲，而是回到了受过伤害的孩童时期，变成了那个可怜的小孩；而另一方面小青也有自己的惧怕，就如同“抛弃和被抛弃”之间的心理张力，她怕分离的同时，也同样担心自己会被抛弃。但这样去想，似乎也让她同步了母亲的内心，同样变成了那个可怜的小孩。

咨询师没有直接回答她，但告诉她，就算现实早已改变，你和母亲之间的情感深厚而稳固，但“当年那个小孩”的恐惧，却依旧停留在你们的心里，你母亲也让自己停留在当年的痛苦和恐惧里。

咨询师的回答，其实戳破了一个很重要的事实：过去的痛苦，并不是真实的当下。当一切早已有了巨大的改变，一个人也依靠自己建立了稳固踏实的人生，她已经在不断减少和修正着内心那个孩子的沉重情感。但如果她仍旧在原地被束缚，这似乎是她自己更隐秘的选择和需求。也就是说，也许只有停留在那里，她也还是那个强烈渴望父母之爱的小孩，但如果她长大了，离开了那个孩子，和父母也许就真的分离了，而这就如同小青如今困境的翻版。

如何分离才不会受伤？这常常不是一个真命题。因为凡是分离，都或多或少会带来一些悲伤与难过。能够走到悲伤这一步，就已经是“接受”的表现，就如同我们告别过去，就会给自己一定的时间和空间来宣泄和表达情绪。宣泄了也就放下了，我们就有继续向前的动力。但对于孩子和父母的分离，若是没有处理好，就可能是一个会被压抑下去的封印，在没有看清和面对之前，很难被解除。

说到这里，我们有必要谈谈孩子最早对于分离的矛盾感受，因为这形成了我们对于分离的深刻意识：

在婴幼儿时期，孩子就有了对世界无限探索的热情，任何事物和人都会引起他的兴趣和好奇，这时候的他是没有惧怕的，想尝试一切陌生的东西。但慢慢地，他开始受挫，发现很多事都是弱小的自己无法做到和控制的，于是他从对外部的关注再次回到了妈妈这里，妈妈就是强大的依靠。但与此同时，孩子也会越来越清晰地意识到自己和妈妈并不是一个人，她是独立的存在，而自己没有她是不行的，于是这个时期孩子也会格外地依恋妈妈。

如果妈妈在这个时候表现出来的，是能够理解、接受孩子，无条件地爱着孩子，让孩子感受到妈妈这里就是一个安全的港湾，是能成为一个坚强后盾的地方，孩子就会放心大胆地克服掉恐惧，重新拾起探索的信心和兴趣，变得有勇气、外向和充满力量。

但若是妈妈无法理解到孩子，比如很多父母会斥责孩子怎么这么胆小懦弱，遇到事情就会缩回去，甚至会嘲笑和对孩子不满，更有甚者将孩子直接扔在困境里逼迫他去面对。那么孩子就会更加惧怕畏缩，更加黏着妈妈，因为他解读出来的信息就是自己不够好，妈妈可能会不要我了。

Erna Furman 在1982年发表过一篇文章《渐行渐远的母亲》(*Mothers Have To Be There To Be Left*)，在文中，她就指出孩子是能够主动选择何时从心理上独立的，因为独立和依赖对于孩子来说都同样重要。但关键在于，孩子每每想回到父母这里，需要依赖时，他都能够被满足，父母都会敞开怀抱来迎接他，那么分离就会变得容易得多。

换句话说，当有了爱做后盾，分离才可能真正实现，并减少伤害。

即使离开，我也爱你

当小青明白了这一点，她就知道该如何去做了。期待母亲做出改变，也许并不是件容易的事，因为她同样有自己未解决的成长困境。但这不是小青需要去负责的，她能够做到的就是将自己从这样的难题中解放出来。当问题囿于爱，那么证明它的存在并不难。

小青和母亲长谈了一次，说明了自己对于恋爱的渴望和困难，也说出了自己对于如何成为一个女性的困惑。更艰难的部分——如果我谈了恋爱，也许你就不喜欢我了——她也同样表达了。

出乎她的预想，母亲并没有生气、指责或是伤心难过，而是沉思了很久，之后也对她谈起了自己年轻时的事。虽然她与自己父母的问题不同于如今的状况，但也确实存在着爱和分离之间的困境。当她没办法抓住父母，得不到父母的爱，在内心的深处其实就无法真的离开。而这对母亲来说一直都是藏在心里最痛苦的部分。

即使离开，我也爱你，或者因为爱你，我才敢离开。分离与爱就是这样互为彼此，紧密结合。如何建立和看待它们的关系，对父母和孩子都是至关重要的。因为孩子终究会长大，会离开，父母也在这样的过程里实现成长。虽然离别，虽然失去，但这，就是我们无法回避的人生课题。

女儿，我要怎样对待你

我好像在恨她

当父母第一次做父母时，其实他们常常不知道该如何是好。从抱孩子的小心笨拙，到怎样能让他顺利地吃母乳，再到怎么给孩子洗澡，这是一个又一个的陌生领域。在这个过程里，父母和刚出生的宝宝一点点熟悉起来，建立了越来越紧密的联结，情感也会慢慢达到一个高峰。

但对刚刚生下女儿三个月的母亲小冷，这一切好像不太一样。

小冷是剖腹产的，这是她毫不犹豫做出的决定。一想到自然生产的撕心裂肺，她就无法忍受。于是预产期一到，她就选了个不错的日子进了手术室。手术进行得还算顺利，至少小冷的麻醉毫无问题，让她在苏醒之后，发现这一切已经结束了。

问题在于小冷对女儿的感觉。

小冷是被老公和老公的家人一起陪着进医院的，他们都对这个过程非常重视，甚至显得有些焦虑。当小冷被推进手术室的那一刻，她老公紧紧把着房门，就好像要经受这个过程的人是他，而不是小冷。而当女儿出生后，家人也都喜极而泣，老公小心翼翼地抱着孩子，激动得不知道如何是好，他在房间里走来走去，时而要去看看女儿的样子，时而又回到小冷这里握着她的手。

小冷却异常冷静。除了疲惫和剖腹产隐隐返上来的疼痛感，她别无感觉。甚至看到初生女儿的样子，她还有点说不出的不舒服，心头莫名地涌上来一股厌烦。但当这种感觉冒出来的时候，她自己吓了一跳。这好像不应该是妈妈对自己孩子的心态，毕竟女儿可是她辛辛苦苦怀胎十月生下来的，难道不应该像其他的妈妈那样，看到孩子就欣慰、满足，觉得一切劳累都是值得的，甚至迅速就爱上她吗？

小冷克制着没让自己多想，她觉得一定是自己太累了，等过了这个阶段就好了。

因为剖腹产的缘故，小冷继续在医院住了一周左右，之后就在家人的陪伴下回到家里了。但尽管回到了熟悉的环境，陌生又让人焦虑的问题却是一个接着一个。首先是无论她怎么好好休息、按摩，甚至是喝下奶的滋补汤，就是完全没有奶水。据说让孩子常常吸吮乳头会刺激下奶，于是小冷每天都抱着孩子让她吸，但这些都没用。女儿后来哭得很厉害，就只能作罢，让她继续喝奶粉了。之后就是孩子的睡眠问题。刚开始睡的时间还很长，慢慢地她就总是哭，抱起来哄或者再次喂奶后，也要很久才能入睡。等小冷这边好容易睡了会儿，又被孩子的哭声弄醒了。这样折腾了一阵子，小冷基本崩溃掉了。虽然老公和公公婆婆都在身边陪着哄孩子，但她仿佛只认小冷的怀抱，在别人那里都哭个不停，于是小冷只能被迫陪着孩子，很难让自己放松下来。

虽然困难很多，但对于一个刚刚出生的婴儿，小冷已经预想到这些问题，也做好了心理准备。所以真正让她心烦的并不是这些，而是她对于女儿的感觉依旧没有变化，甚至越来越讨厌。她每一次抱起女儿，其实心里都想把她放得远远的，完全不看。每一次女儿的哭声，都能瞬间点燃起她的怒火，她得使劲按捺下去这股火，才能继续去哄。有一次她甚至冒出了一个念头，能不能把孩子扔出去，自己就解脱了。但这个念头一出来，她就立刻害怕了，同时也自责得不行："天哪，我怎么能对孩子有这样的想法？我是怎么当妈妈的？"

我是不是产后抑郁

在心理学逐渐普及的今天，有一种越来越普遍的问题引起了人们的关注，那就是产后抑郁。据说有15%到30%的产妇都可能会在产后出现这样的状况。典型的表现就是持久的情绪低落，觉得生活毫无意义，随时会陷入悲痛之中，还会伴随着对身边人的敌意和愤怒。而如果到了严重的程度，还可能会有对自己或对孩子的伤害。

虽然导致产后抑郁有着多种因素，比如内分泌、遗传、包括生产时期所经历的紧张恐惧场面，但从心理层面讲，其实这些都能有更好的理解。

因为当一个女人成为母亲，似乎她原本受到的关注和关心，都会被最大限度地转移到孩子那里。而在传统的观念中，孩子是最重要的，他的存在和能否平安健康被放在了首要的位置上，人们常常对有了母亲身份的女人说的话是：你要为了孩子，怎样怎样。而如果在观念更传统也更落后的地区，母亲就更类似于一个容器，承载着孩子的全部需要，却几乎失去了自我。所以有很多女人愤怒的时候会说：你就把我当作一个生育机器。这样的比喻也许略有夸张，但至少说明了在女人成为母亲的体验里，她的存在、需要、作为一个人的感受都变得不那么重要，甚至可能完全被孩子所取代。

而如果从精神分析的角度来看，也许这些还会有更深层的意义：一个人的感受很容易被早年的事件或创伤所激发。如果她曾经作为婴儿，和母亲之间没有太愉快美好的体验，那么当她成为母亲，在面对自己的孩子时，就可能被激发出这部分痛苦和创伤。

小冷就面临着这样的问题。因为当她去医院做检查后证实了自己也得了产后抑郁，但精神科医生说，她的问题更复杂些。因为她的愤怒和自责远远高于其他的指数，也就是说，她的抑郁状态被激发可能还有更深的缘故。

母亲才是家里的孩子

小冷出生在一个家境很好的家庭里。父亲是工程师，母亲是政府的公务员。虽然父母是经人介绍认识的，但他们也算一见钟情，感情很好，所以家里的氛围也很和谐。

但从小冷记事起，她很难感受到父母之间的相互扶持，而是母亲对父亲的强烈依赖。相比她，母亲更像家里的孩子，她需要被照顾、被关注，一不舒服就要父亲拿出更多的时间来陪伴她。但实际上，至少在小冷的感觉里，她的身体并没那么孱弱，只是习惯于把自己弄得很可怜来让父亲呵护她。而父亲其实很忙。当他在工作的同时还要照顾家里，就搞得异常疲累。好像两边都是重担，但挑起来的人只能是自己。

小冷心疼父亲，就懂事地帮他照顾母亲。炒菜做饭做家务，不到十岁的她生生把这些都揽过来了。平时除了自己上学，回家就写作业，写好后开始做饭收拾家，等她忙完，父母也都下班回家了。

父亲也是心疼她的，总让她歇着不要做那么多，拿出时间出去玩。但母亲没觉得这是个问题，说孩子懂事还不好，这么早就学会这么多以后也算多个技能。这么多年小冷还记得母亲说这话时的表情，非常地不屑，似乎话语里还有些酸溜溜的味道，就好像原本她应该得到的心疼和理解，被小冷抢夺去了。

小冷有一种奇怪的感觉，觉得母亲是嫉妒她的。但她不愿意这样想，觉得这个念头很变态。于是她继续忙里忙外，完全担起了家里的重担。

这样的日子持续到了小冷读高中。因为她考上了一所重点中学，而那里是要求住宿的，所以她只能离开家了。虽然这么多年她已经习惯了帮助父亲打理这个家，帮他平衡家里和工作之间的关系。但她毕竟只是一个女孩，渴望出去，交更多的朋友，体验一种完全不同的生活。

父亲得知了消息是非常高兴的，尽管心里有点舍不得。但他知道这是孩子长大后的必经之路，就算再舍不得，也需要站在孩子的身后支持她。母亲却在这个时候病倒了。她的病来得很快，也很重，就好像整个人迅速被抽走了精神，完全没有能支撑起自己的力量了。而令人奇怪的是，医院也没有检查出任何问题，最后只能草草地下结论说这是严重的贫血，需要静养和更细心的照顾。

于是难题再次被摆在了小冷的面前。这么多年过去，小冷依然能回想起当年做出艰难决定的那个下午。她一个人呆呆地坐在人来人往的街道边，看着人流却感到很孤独，内心有一处地方好像是空的，同时又很难过，因为根本没有人看到，也不会有人在意。

她知道父亲是爱她的，她也深爱着父亲。或者说让她能担起这个家的重任，都是因为她心疼他。但这种感觉令她很绝望，因为她因此只能被困在一个地方，动弹不得。就好像最终她还是选择了离家最近，每天都能回去的一所普通高中就读，只为了能继续照顾这个家。

我的位置在哪里

小冷和她的母亲，其实早就互换了位置和角色。母亲变成了家里唯一的孩子，所有的一切和重心都要围绕着她。而小冷不得已，只能从孩子的位置上被迫退让出来。

当一个孩子不能做孩子，这会是怎样的感受？

首先就会感到危险和恐惧。因为孩子都需要依靠父母来生存和长大，没有父母的照顾，孩子的存在就岌岌可危。从现实层面来看，父母是掌握着绝对的权力的，他们决定着孩子是否存活（比如准妈妈有权利决定终止妊娠），或者活得怎么样。而从心理发展来看，婴幼儿建立自我，也是从父母如何对待他而内化出来的。比如妈妈根本不理会婴儿，置他的哭喊、需求于不顾，甚至完全将自己和他分离，那么婴儿内化的就是一个死亡的客体（即养育者）。虽然婴儿还没有形成足够感知的完整自我，但客体的死亡就如同他也死去了一般，这一刻婴儿的内心是无比恐惧和绝望的。

小冷正是经历过这样的过往。

也就是说，自她记事起经历的并不是事情的全部，而只是问题的延展。她的母亲自从生下她，就并不愿意照顾她。甚至母亲还需要父亲来照顾，所以父亲也无暇顾及她。于是照顾孩子的任务，就交给了孩子的姥姥，而姥姥身体一向不好，对孩子的照顾也是断断续续，于是就和孩子的奶奶互相换着来，有的时候实在不够人手，家里的亲戚也都过来帮忙。孩子就在这样的频繁更替里适应着所有的人，唯独少了自己的母亲。

我们可以想象小冷是在怎样的心境下长大的。她的母亲是缺位的，替换过来的多位养育者（姥姥、奶奶和亲戚们）如走马灯一般地更迭，时而还可能接续不上。这就好像在孩子的内心里，无法形成一个稳定的对象，更准确地说她们就如同一个个碎片，勉强拼凑在孩子的心里，那么孩子内化出来的自我，也必将是破碎的。

而另外一个很重要的部分是，当孩子轮流被照顾，这些人会对孩子有着怎样的情感？这种情感会是深刻而持久的吗？因为只有养育者对孩子的情感始终如一，且毫无要求和条件，孩子才可能成长出安全、稳定、自信的内心来。就好像我们常常看到一些母亲用充满深情的目光望向孩子，那么她们的孩子就会在母亲的注视下变得勇敢、大胆、充满对外界的探索欲和力量。而相反，一些怯懦、畏缩、更依赖人的孩子背后的母亲形象常常就是冷漠、苛责和回避去爱。

小冷在如此混乱的成长环境，显然缺乏这些安全、稳定和深情的部分。虽然严格地说她不是没做过孩子，但这个孩子所依靠的并不是一个安全港湾，而是破碎、动摇和被随意对待的情境。相比母亲，她没有被充分爱着的位置，而似乎在母亲眼里，她也是被厌弃的。

就好似如今，她也在厌弃自己的女儿。

厌弃女儿其实就是厌弃自己

小冷其实没想到自己对孩子的厌恶感，或者说她也按部就班地如同别人一样怀孕生产，这个过程并没有引起她太多的内心波动。

但在她和心理科医生追溯的时候，她突然意识到自己在怀孕期工作的时间远远超于正常工作的时候，仿佛她一下子变成了个工作狂，还是在她成为了一个孕妇后。老公提醒她多少次，甚至公司的员工和领导都在担心她的超负荷，但尽管如此，她依然没有降下对工作的热情。曾经的她是用孕激素的变化（情绪高涨）以及担心自己会被裁员来解释这些的，但如今一回想，她感受到自己当时的心境，似乎“根本不想顾及孩子”，甚至隐隐地有一种“就算流产也没关系”的心态。也就是说，她在无意识中与孩子隔离了，或者将孩子处在一种“你可能活不下来”的危险境地。包括她毅然决然选择的剖腹产，潜意识的层面来看也是不能与孩子共同经历融合与分离这自然的一刻，而是“我来决定她什么时候离开我”，麻醉则是对分离这一刻的避免感知。

当听到这些时，小冷沉默了。她从没有意识到自己对孩子的真正情感，只是孩子第一次被抱到面前时自己的无动于衷，以及后来慢慢蔓延出的厌恶与恨意，让她觉得自己非常可怕，甚至害怕自己是否会对孩子做出什么不可挽回的事情来。而如今看来，这种强烈的情绪由来已久。

我们无数次地听过一句话：没有父母不爱自己的孩子。作为孩子我们也从未质疑过，仿佛父母一旦成为父母的身份，就会无条件地爱着孩子，期待孩子的到来，并且愿意把我们放在最重要的位置上。但人的情感其实是无比复杂的。就如同小冷，她也相信自己会爱着女儿，深刻地去爱，不在乎付出地去爱，那是她对自己天性的信任。但这份天性被极大地遏制了，甚至发展出另一种强烈的情绪：愤怒、厌恶、恨意，只想抛弃和离开她，无法接纳孩子。

她困惑地问心理医生，我为什么会这样。心理医生看着她说：也许你恨的不是女儿，而是当年那个被嫌弃的自己。

这句话不啻于一个炸雷，仿佛瞬间炸醒了小冷的内心。她的眼泪大颗大颗地滴下来，泣不成声。

没有人喜欢我

在小冷的心里，藏着一个被嫌弃的自己。

那个自己是可怜的，因为没有人真正地心疼过她。婴幼儿的时候，身边的照顾者如同走马灯一般地更换，真正的照顾却从未实现。所谓照顾，不单单是你需要什么，我就给你什么，而是发自内心地去爱着这个孩子，带着深刻的情感去注视他、回应他。让孩子在妈妈的眼睛里看到一个被喜欢、被在意的自己，他才会慢慢地发展出有自信的自我来。但对于小冷，她从照顾者眼里看到的，都是麻烦、嫌弃、应付、互相推卸，就算偶尔有爱也是如同施舍，少得可怜。也就是说，自己仿佛是一个不被人喜欢反而会给别人带来麻烦和困难的人，而这样的自己，就被慢慢地内化进她对自己的定义里。

而一个被嫌弃的人，不被嫌弃往往就会成为他毕生的诉求。如果我们追溯每一个类似的人的成长经历，就会发现他做什么背后的强大动机，都是在试图努力摆脱被嫌弃和争取被爱。

小冷同样如此。所以当她感受到父亲还是爱她的，她就会尽自己的努力拼命去满足父亲，哪怕这样的满足早已牺牲了她的需要、权利，甚至个人感受。但这并不重要，重要的是当她感觉到一点点爱，她就会飞蛾扑火，全力以赴。

但即便如此，她的内心仍旧是空的。就好像一个填不满的黑洞，它深不见底。无论有多努力去争取爱、得到爱，那个洞仿佛都不会有被真正填实的一天。哪怕在现实生活里，她找到了一个非常爱她的老公，甚至老公的家人也都给予了她一直渴望的温暖与关怀，但好像在内心深处，始终有一个根深蒂固的定义在：我，还是那个被嫌弃的孩子。

隐形的母亲

在小冷的人生里，有一个无比重要的角色。虽然仿佛她是隐形的，若有若无，小冷也极力避免去谈到她，但我们都知道，这个人对她有多么重要。那就是小冷的母亲。

当一个女孩要蜕变成女人，以及在继续走向母亲身份的路上，她自己的母亲曾经在这些过程里是如何进行的，就是非常重要的模本。因为在孩子狭窄且唯一的家庭视角里，母亲就是自己对性别最早和最深刻的认识。比如许多女孩在童年都有过偷偷地穿母亲美丽的裙子和高跟鞋，再涂上口红的经历。这就是对这个性别最早的感受：妈妈是最美丽的，充满了魅力和吸引。这既是在模仿母亲，也是对母亲的认同。这时母亲在女儿的眼里被深深地迷恋和崇拜着。

但对于小冷，这一切似乎都无法发生。

因为她和自己的母亲，好像从没有真正地亲密过。那种妈妈抱着孩子，亲着孩子，孩子也会对妈妈撒娇、亲昵的举动和画面，在她的印象里是从未有过的。反而妈妈总是离她远远的，偶尔看上一眼也是责备和不满，这样的画面深深地印刻在了她的脑海里，让她对靠近妈妈始终感到畏惧和压力，甚至这样的感觉也在不断地激活和加深她幼时不太清晰的经历但又无比深刻的感受：自己是讨人嫌的。

而妈妈这个称呼对小冷来说也是陌生的，她总是很难开口叫妈妈。即便是长大后担起了照顾妈妈的任务，也并没有觉得两个人有多近，反而彼此都刻意保持距离，甚至时有尴尬。

也许对很多人来说，这样的关系是难以想象的。毕竟孩子是从妈妈肚子里出来的，两个人曾经在十个月的时光里有着最深的融合。我们常常说两个相爱的人是亲密无间的，但这不过是一种形容，因为即便再相爱，也无法比拟妈妈和孩子之间这种天然的融合关系。但这种融合的感觉对于小冷，似乎从出生的那一刻起就再也没有过了。

心理医生问小冷：愿意谈谈你对妈妈的感受吗？

小冷半天没说话，然后轻描淡写地说：没什么可谈的，她并不在我的生命里占什么分量。

小冷的回答的确说出了一个事实，妈妈这个身份和角色在她的人生里是缺席的，她本应承担起来的母亲责任，完全推给了别人，甚至后来还和女儿对调，让女儿变成了照顾自己的人，这样的母亲在女儿的生命里怎么能占据重要的分量？但她的回答里，却也隐藏了一个事实，妈妈即便是如此的不合格，却也一直以如此的存在在很大的程度上影响着她。或者说，她的不合格让孩子受到了无可比拟的创伤，而这分量恰恰又是最重的。

所以小冷的轻描淡写，传递出了比话语更重要的东西：她想忽略自己的母亲，正如母亲对她的忽略一样。

恨，真实感情的流露

对一个孩子来说，最重要的那个人就是母亲。因为母亲曾经和孩子最紧密地联结在一起，为孩子的存活和生长无私奉献，可以说孩子是借助母亲的身体和营养来到这个世界上的，没有母亲就没有孩子。而一个母亲在孕期可能有各种各样的反应，这对母体来说也是一种巨大的损耗，然而这些问题在生下孩子这个事情面前，都仿佛变得不那么重要了。

我们总是在讴歌母亲的付出，尽管过度强调似乎在道德捆绑，但单纯地去看一个女人怀孕生产和成为母亲的过程，不得不说这个过程是非常艰辛的。

但一个女人是因为什么才会选择要孩子？或者说对于一个母亲来说最重要的那个人也是孩子吗？我们却无法确定，至少对于小冷，她的母亲就无法给到她一个满意的答案。

在与心理医生的几次谈话里，谈及母亲，小冷总是沉默相对。她不知道该说什么，好像有很多话想说，却说不出来。对于母亲的感觉她早已忘记，这么多年自从她离开了家就很少回去了。爸爸时常还会打电话问问她的近况，偶尔也会说妈妈很想你之类的话。但她根本不信，也无所谓，她只是希望自己能重新生活，直到遇到现在的老公组成了新家庭。过往好似老电影胶片里那不清晰的片段，有时想起也感觉很不真实。如果没有女儿这件事，她完全忘记了自己有过怎样的成长。但如今，她没办法忽略下去了。女儿激起了她深藏的感受，那些痛苦的、悲伤的，最关键还有无比的愤怒。

“我恨我妈妈，如果不是她，我不会这样，更不会如此对待我的女儿。”小冷在一次更长的沉默过后，艰难地说出了这些话。而当这些话说出口后，就仿佛开启了一道闸门。小冷内心里那些被压抑许久的感受统统涌了上来：她太恨自己的母亲了。不知道母亲为什么会要她，要了又不爱她，每每想起那种嫌弃的眼神和远离的态度，就让她觉得自己根本就不应该出生，自己不是一个被期待的孩子。这在她的心里烙下了一个深深的印记，让她无论和谁接触、喜欢谁，都觉得自己根本不配，也会无比地胆怯和退缩。

“为什么你不爱我，还生下我？”小冷愤怒地大喊，之后掩面哭泣。

不被期待长大的孩子

我们常常觉得，一个人没有传递出爱，是因为他的人生里也没有被爱过。这算是一个合理的推测，因为一个被充盈的爱滋养着的人，他的内心会非常踏实、具有安全感，且有很大的容量来接纳他人。我们可以看到很多有类似特质的人，他们就连目光都与其他人不同，坚定、温和、没有攻击性，让你愿意去接近他，不必担心受到伤害。能形成如此的特质其实并不容易，至少在我们更强调家庭中的尊卑之分、高下观念这样的一个传统文化里，爱与尊重很少会被放在首要的位置上。而爱本身，常常也糅杂了很多更为隐秘的因素。

小冷的母亲，就是在这样的被爱中长大的。看似她得到了世界上最充分的爱，爸爸妈妈都以她为核心，把她当作公主来养，所有的一切都替她安排好了，甚至包括选择一个怎样的对象交到她手里。也就是说，小冷母亲唯一的任务，似乎就是始终做一个可爱的孩子被照顾着。也许我们无法想象这样的生活有什么不好，因为作为一个女孩被父母、丈夫捧在手心里宠爱着仿佛就是人生赢家了。有多少人渴望如此的命运却根本得不到。但如果从一个人的成长历程来看，这却有极大的问题。因为她的自我成长需求被遏制了。

每个人都有自己的成长需求。

在婴儿期，我们渴望得到母亲全心全意的照顾。幼儿期，我们因为有了依靠和安全感，就开启了对世界的好奇与探索之旅。在儿童期，我们会暂时离开父母的世界，有了新的世界和内容。而青少年时期，我们则会以叛逆的方式来证明自己的独特存在。当我们成年了，建立属于自己的新家庭又是这一时期的主题。所以人生里的每一个阶段，都有这一时期的内容和任务，这是必然的发展，也是作为人的本能需求。

但小冷母亲的成长阶段，却被破坏了。在本该探索的时候，她被阻止去探索。因为父母总担心会伤到她。在尝试进入新的世界和认识朋友时，父母也建立了一道强大的屏障，严格限制她认识的人和出去玩的时间。在叛逆期时，她只有一次偷偷和同学出去玩被逮到，结果母亲气出了病，她就再也不敢这么做了。而到了谈恋爱的时候，选择一个什么样的人都是父母替她做的决定。

她不是不想长大，甚至曾经也很痛苦，这个人生看似幸福、简单，却不是自己的人生。她几次尝试着自己做主，都被父母带有压迫感的爱给逼了回去。他们不相信她有能力做出选择、决定，来为自己的人生负责。慢慢地，她就放弃了反抗，继续停留在被照顾者的位置上。一方面她没办法发展出独立自主的能力了，因为没有经历，所以对外面的世界充满恐惧感。另一方面，她隐隐地捕捉到一种父母潜在的愿望：似乎他们并不希望自己长大，而永远都是那个可爱的、弱弱的、需要被保护的小女孩。

她唯一的位置就是孩子。所以就算生下了孩子，她也无法改变自己的身份。甚至因为弱小和恐惧，她特别害怕被自己的孩子抢占了这仅有的位置。所以她一直拒绝照顾小冷，这样就好像自己并没有真成为一个母亲。而当小冷成长起来去帮助父亲分担时，她的恐惧被再次加剧，因为在她的眼里，小冷似乎成为了竞争对手，有可能争得她需要紧紧抓住的丈夫的爱。

朝向父母的渴望

孩子都有朝向父母的渴望。

小冷的妈妈是这样，因为感受到父母的愿望而停留在孩子的位置上不能离开。小冷的内心也同样如此，虽然看似是为了父亲的爱而承担起照顾母亲的责任，但在她如此强烈的委屈和愤怒背后，何尝没有一份朝向母亲的渴求：我来照顾你，我也希望你能因此看到我，喜欢我。

这种动力和愿望是如此强大，让她（她们）即便委屈、牺牲自己也难以动摇，甚至都因此影响了整个人生的轨迹。小冷的妈妈这一辈子也许都难以摆脱被照顾的命运了，她只能紧紧抓住父母和丈夫，让他们为自己的人生负责。而她牺牲掉的不仅仅是自己人生的图景，更让她难以得到真正的踏实与安稳。因为当自己的生活只能由别人来做主时，那种恐慌感是如影随形的，她会无比地焦虑。

而小冷在对父母失望之后选择了远离。这样的选择看似决绝，因为“你们不爱我，我也不爱你们”。但在内心深处，却始终有一个地方是空的，做什么都难以填满它，选择谁都难以被治愈。而当她在女儿的身上也开始重复某种命运时，就意味着这一切从未真的走远。

如何改写生命的密码

人们常常说，命由天注定，而运是掌握在自己手里的。似乎至少有一半概率我们能够掌控自己的人生，但终有一些是我们无能为力的。这样说起来确实很合理，因为我们的确很被动，出生我们无法选择，父母是谁同样无法选择。我们只能被动地接受自己一出生就可能面临的情境，也许是好，也许是坏，也许有着充盈无比的爱，但也许就是一片荒芜。或者如同小冷妈妈那样，即便被捧在手心里，但这种宠溺不过是一种表象，它真正满足的其实是父母的需要。

那么，我们要如何面对，或者说当一个人面临无法得到与无法摆脱的困境时，还能做什么来改写自己的人生？

答案就在自己的内心深处。

我们的意识总想尝试用各种方式去掌控自己的人生。但其实真正掌控我们的密码，却隐藏在我们意识不到的冰山之下：潜意识。那是一个无比巨大的世界，容纳着曾经发生的所有一切。有美好，也有丑恶；有欢乐，也有痛苦；有你的期待和愿望，也有对这些期待和愿望的惧怕与守护。凡是你觉得难以消化的、沉重的情感，都可能会被你压进潜意识。因为只有这样，你才能保护好自己，免受伤害。但这些没有被消化的情感，它们并没有离你而去，而是被放在内心的某一处角落，时刻等待着被启动。

所以每一次启动的时机，其实都是你与自己的潜意识相遇的一次机会。它让你看到曾经那个弱小无助的自己，曾经遭遇伤害却没能被保护的自己，曾经那个无比渴望父母之爱甚至不惜委屈和牺牲的自己，当你看到了他，也就已经开始了对自己的治愈。

因为最让你无法承受的，并不仅仅是父母不够爱，而是当他们这样去做，你就在他们眼里看到了一个不被喜欢的自己。你被迫违心地去迎合他们的喜欢来自我塑造时，其实就如同他们一样忽视、厌恶，甚至遗弃了那个可怜无助的孩子。而只有你意识到了这一点，选择去看到和理解他，这一切才有了重新开始的机会。

小冷就已经开启了她全新的路，因为在她能将对母亲的怨恨和愤怒打开，允许自己表达这些痛苦时，她的情感就从被压抑的封印里解救出来，开始了自然流动。她意识到在这一段漫长的情感纠葛里，自己是受害者，母亲也同样是受害者。尽管遭遇不同，痛苦与折磨却是一致的。或者说，母亲在用她的方式传递着自己作为孩子的复杂心境，紧紧抓住的背后何尝不是厌恶与愤怒。而如今小冷也在复制着类似的心境，只是她传递出来的，是强烈的恨之下对爱的渴求。

是否原谅母亲，这对小冷来说还是一个需要时间来面对的问题。但至少她原谅了自己，原谅了自己面对孩子时的恨意与厌恶，让自己不再沉陷于内疚和自责，因为她知道，自己其实是爱孩子的，只是那深重的无法被呈现的情感成为了巨大的阻碍。

而当恨走了出来，爱也就自然出来了。因为恨与爱，其实从未分离过。

不要入侵我的空间

有一种窒息感

在心理学领域，我们常常会提到一个词：空间。这并不是一个专业词汇，而只是形容人的自我感受时的一种表达。比如：我没有属于自己的空间；我觉得有一种窒息感；我觉得自己的空间好像被占据和控制了，等等。当听到一个人这样去表达自己时，我们通常能够明白对方的感受。而作为一个咨询师去理解来访者的角度，我们则更能体会到，他的自我正处在怎样的境地里。

设计师阿明最近就被这样的感觉困扰着。

他已经从事设计两年了，之前在一家公司工作得还不错。老板对待他就像对待兄弟一样亲密，也在设计方面帮了他很多。若不是公司的规模太小，设计少得赚不到钱，妻子为此有许多埋怨，其实他是不会换地方的。

而现在虽然换了家大公司，工作是忙起来了，待遇也确实很好，他的感觉却很不舒服。因为公司管理得非常严苛，每一次设计都要过总监的眼，甚至一些原本应该设计师自己把关的部分也换成了总监的检查与调整。原本设计就是个自由的工作，设计师有极大的发挥空间，但现在阿明觉得自己好像变成了一个只是按照领导意图来画图的工人，属于自己的权利完全被剥夺了。

其实不仅仅是他，其他的设计师也都怨声载道。毕竟这样的设置让每个从事设计的人都会觉得被压制，但他们也就是发发牢骚，通过这样的方式减压发泄，真到了工作中还都依旧遵守公司的制度，似乎他们还是能够适应的。但阿明的感觉却异常糟糕，也许是因为除了这部分，还有另外一个只有他会感到别扭的地方。

那就是表达上的困难。阿明是一个不善言辞的人，或者可以说表达就是他的短板。平时大家交流时他都会习惯性地躲在一个角落里，避开众人的目光。而轮到他发言，他就会非常紧张，局促不安。明明介绍自己的设计并不难，因为这些想法在脑海中不知道过了多少遍，都是深思熟虑之后的结论。但一旦要在众人面前说出来，这个过程就成为了一个巨大的难题。他有时说得磕磕绊绊，别人很难听明白他在说些什么。有时又语速飞快，但同样言语不清，难以辨识。

因为之前在小公司里很少有汇报的场面，所以这个问题对阿明并不算是个障碍，而且老板的亲近也是一种鼓励，让他能够轻松很多。但现在的环境完全变了，每天公司都有例会，需要所有的设计师呈现自己的作品和设想，于是这个难题就被最大化地摆在了阿明面前。

阿明困扰到一度想要辞掉这份工作，可现在的市场环境并不算好，他很难确定是否立刻就能找到一份满意的工作，这样在妻子那里还是会被埋怨，于是阿明想了想，还是忍下来了。但他感觉变得越来越难熬，原本设计是他最喜欢的事，因为只有在设计里，他才能感受到一种自由，那是一个完全属于他的地方，可以去思考、创造，甚至会有更加大胆的想象，只要客户愿意信任他，他都会竭尽全力帮助设计落地，最终给客户，也是给自己一个满意的答卷。可以说，他的自信、成就与满足感都完全从这里获得。但现在，这些感受被完全剥夺了。而每天进行的汇报更如同一个考场，对其他人的考验是设计能力，对他还多了一项：如何能在别人面前不紧张。

阿明越发有一种说不出的窒息感，无奈之下他决定寻求心理咨询的帮助。

没有控制自己生活的权利

阿明一开始就向咨询师提出三个问题：我怎么能让自己在别人面前流畅地表达；我怎么能让总监少干涉我的设计；我怎么能让自己感觉到放松一些。这是三个非常具有压迫性的问题，当阿明一股脑儿地全抛给了咨询师，就好像将他这么久所面临的压力和焦虑尽数传递了出来，让咨询师感受到了他此刻的心境。

但咨询师没有直接回答他的问题，而是将阿明传递出来的感觉反馈给了他，并且对他说：似乎你在用这样的方式告诉我，你的生活你好像控制不了。

阿明沉默了，过了半晌他才艰难地说出了一句话：我没有控制自己生活的权利。

阿明出生在一个这样的家庭里：父母常年异地生活，一年只有放假的时候才会聚在一起。他是跟着父亲生活的，因为母亲的工作性质常年出差，不得已只能让他跟着父亲。可以说从他记事起见过母亲的次数都是有限的，在他的感觉里，这个家只有他和父亲两个人。

虽然他是个男孩，但对于孩子来说最依恋的一定是母亲。如果这个角色能够被父亲承担起来，某种程度上也算一种弥补。但对阿明来说，他没有这样的幸运。因为父亲是一个脾气非常暴躁的人，动不动就会发火。在他的观念里，对待孩子只有一种方式：教训。阿明小的时候很淘气，喜欢乱扔东西，被父亲狠狠地打过几次后就害怕了，自此之后就习惯看着父亲的眼神来做事。

被父母打过的孩子其实不在少数。当父母无法控制自己的情绪时就会容易用最简单的方式来宣泄和解决，或者说用“让孩子恐惧”来减少他们对这个世界的好奇与探索。阿明的童年就是在这样的状态中度过的，所以他变得越发胆小、怯懦。

如果生活就是这样继续，也许阿明只是会成长为一个循规蹈矩的孩子。但人生的变化总是比想象来的难以预料。在阿明5岁左右，他的母亲有了外遇，父亲知道这件事后完全崩溃了，他没法控制自己，就跑到母亲的城市里和她大吵大闹，还在气头上去找了母亲的单位，把这件事闹得尽人皆知。母亲一气之下决定离婚，父亲最终也没能挽回她，两个人就这样分开了。但自此之后，阿明的生活就被彻底地改变了。

父亲沉默了将近有一年的时间，这么长的时间里他只是送阿明上下学，给他做饭，其余的什么都不说。但有一点特别的地方，他非常严格地规定阿明做每件事的时间：吃饭要在几点，睡觉要在几点，包括写作业要在什么时候开始和写完，都有严格的限定。一旦没有遵守或者超过，阿明就一定会遭到严厉的处罚。

直到现在，阿明提起当年被处罚时的情景，还是心有余悸。他被关在家里的储物间里不允许出来，一进去就是好几个小时。储物间又窄小又黑暗，他只能蜷缩在里面不敢动。脑子里都是幻想的可怕画面，可他还得控制自己不能哭出声来。因为一旦被发现他哭，父亲会更愤怒的。

许多人在童年都有过被关进“小黑屋”的经历，这对孩子来说是最高级别的惩罚。我们完全可以设想那是怎样的一种体验：一个人被孤零零地扔在黑暗的地方，叫天天不应，叫地地不灵。黑暗会孕育无数可怕的想象，那是一个孩子根本无法承受的东西。而“扔在那个地方”也会触动他内心中最害怕的一个部分：父母不要我了。被遗弃的恐惧就会深深地印刻在孩子的心里，成为难以抹去的创伤。

阿明，就是在这样的地方第一次体验到了窒息感。那种感觉无比难受，就好像整个人快要死掉之前的挣扎，恐惧到了极致。

不能有自己的空间

随着阿明慢慢长大，父亲的脾气似乎好了一些，至少他没有过于暴躁、失控地对待阿明。但是他也没有去找一个伴侣，而是一直守着阿明艰难地生活。这种艰难对于阿明的父亲来说是实实在在的，因为他就是一个普通的工人，养活自己尚且勉强，再加上一个孩子就更为困难。但在阿明的感觉里，这种艰难还有另外一个含义，那就是他越来越感到被严格地控制和侵入。

首先是关于房间：阿明有自己的房间，虽然小到只能容纳一张床，但对他来说这也是属于自己的空间，只有在这里他才能感到自在和舒服。每天回到家，他都迅速跑回自己的房间，写作业、看书，就是坐在床上什么都不做只是幻想，那也是最放松的时光。但就这点自由也被父亲无情地打破了。他只要回到家就要求阿明必须开着房门，方便他随时进来检查。有几次他看见阿明呆坐着，就立刻变得怒不可遏。好像阿明的空闲和自在触怒到了他。于是他对阿明更严苛了，甚至规定他的房门要一直开着，哪怕是晚上睡觉的时候。

其次是交朋友：阿明在学校认识了新同学，也交了一些好朋友。他们常常约阿明出去玩，但都被父亲制止了。父亲似乎根本不喜欢他的那些朋友，总是觉得他们会影响和带坏阿明，于是就对他们没有一点好态度，有几次还狠狠地骂了他的朋友们，结果再也没人敢来找阿明了，就是在学校里他也因此被孤立了。

这些事情让阿明非常难受。已经到了青春期的他，正是需要自己的空间和朋友的时候，但这些都被父亲完全破坏掉，让他不得不回到从前仍旧被困在家里的局面。而这个家，只有他和父亲。甚至在他的感觉里，这个家就没有自己，自己也不过是父亲的附属品。

于是阿明的窒息感再次来临。

个人空间=自我

个人空间，在心理体验上其实就等同于自我是如何存在的。当我们不断地寻求一种空间感，也就意味着我们要通过这种方式来放置自我和成长自我。

这是成长中非常重要的一步。当孩子慢慢长大，标志性的表现就是他会不断地说“这是我的”，玩具是我的，不能给别人；吃的是我的，不能被人抢走；妈妈是我的，不能对别人那么亲密，等等。我们都会用“属于我”这样的感觉来确认自我的存在与分量。而随着年龄的增长，“我要有自己的秘密”的需求也会出来。秘密就是属于自己的空间，是由“我”来决定是否和别人分享，当我能有决定的权利，也就意味着自我被看到和尊重了。

而阿明的窒息感，就源于他的自我被极大地剥夺了。没有什么是属于他的，也没有什么是他能为自己做决定的，哪怕是此时的他所要面对的自我成长阶段，也被父亲强力截断了。因为从外在世界来看，处在青春期的孩子面临着非常多的复杂问题和任务，如何交朋友、学会和人相处（人际关系）、对于异性朦胧而又强烈的情感要如何面对和处理，以及我未来想成为一个什么样的人，这些成长中的问题都会一股脑儿地摆在眼前，需要他慢慢消化和理解。而从内在世界来看，此时的他也有着非常多的冲动和幻想，这些占满了他的内心，会形成强烈的冲突，如何去协调和适应，同样是摆在他面前的难题。

这一时期的孩子需要的是父母的理解、支持与鼓励。所谓理解，就是父母能够明白他此时在面对着什么，能给予最大的空间让他自行处理，也有耐心去等待他的成长。所谓支持，就是在内心和行动上都提供一种亲密的援助。“当你不需要我，我就在旁边静静地守护，而当你需要我，我随时都在。”所谓鼓励，就是当孩子面对难题时可能会不知所措，也会担心自己无法承担后果，毕竟对于不可预知的未来我们总会忐忑不安。那么此时，父母就可以将他们的经验和力量传递给孩子，给孩子信心和勇气，帮助和支撑他们渡过难关。唯一不需要的，就是父母的替代、干预和压制。因为这些举动将破坏掉孩子的自然成长空间与进程。

而阿明，恰恰就面临着如此的处境。

真实自我的创伤

当一个人的自我被剥夺，会对他有怎样的影响？我设想会有两种可能：

第一种可能是：他会形成一个假自我。所谓假自我，就不是真实的自己。因为如果呈现一个真实的自己会带来危险和麻烦，自己又是没办法抵抗的，人就会隐藏起真实的部分，生长出一个虚假的面具来。比如父母喜欢一个爱学习的孩子，我们就可能让自己成为一个学霸；父母喜欢乖巧懂事不操心的孩子，我们就可能让自己的性情变得顺从、听话、不给他们添麻烦。

很多父母都会说，我们是为了你好，就算是我们的希望也最终会成就你们。但当这样的动力并不是孩子自己生发出来的，他就没有真正的活力，就像是一种外部的压迫而非发自内心，那么他就算有所成就也会感到内心无比空虚，人生到底会有一个怎样的走向常常也无法预知。许多成绩斐然的孩子选择轻易结束自己的生命，也就是这样的缘故。因为在他的感觉里，真实的自我并没有被珍视过，那么替他人完成的一切自然毫无意义。

第二种可能是：他的生命力会萎缩。有的孩子在父母的高压控制之下，身体开始出现症状。比如生病、卧床甚至到无法上学常年在家的程度，成为了一个彻彻底底的病秧子。从一个角度来看孩子的生命力被极度压缩，压缩到他无力承担自己的程度，于是就虚弱到了极致。而从另一个角度来理解，孩子的生病也像是在满足父母的愿望，因为只有一个病怏怏的孩子才更需要父母的照顾，也更方便控制。

对于阿明而言，他发展出了第一种。

他变成了一个特别爱学习的孩子，因为他意识到这是父亲唯一能接受的状态。好像只有在学习时，他才能得到些许自由。于是他让自己的关注点只放在学习上，这既能让自己轻松些，同时也有一种隐隐的动力：我要最大限度地摆脱你。从如今看来，阿明的确实现了他的愿望：考上了一所不错的大学，成为了一个优秀的设计师，并且他远离了家乡和父亲，自此开始了新生活。如果从一个局外人的角度看，阿明成功了。他不仅成就了自己，也让自己摆脱了控制。但只有阿明自己知道，从前的经历在他的身上打下了怎样的烙印：

他对空间极为敏感，一旦走入人多的地方，就会感到喘气艰难，每天都要乘坐的地铁他只能选择错过高峰期，不然就会无法呼吸。只要在一个空间狭窄的地方就容易引发他的高度紧张，所以电梯也是不能坐的，无论多高的楼层他都要爬上去才能安心。

与人之间的相处也成为了一个问题。他很难和谁进入太亲密的关系，尤其是男性的权威者形象，这会引发他强烈的恐惧。对于上一家公司的辞职其实也有这样的缘故，现实层面的考量并不是真正的阻碍，老板对他的亲密才是促使他远离的真正原因。

以上的困扰虽然波及生活，但尚能忍受，因为他可以让自己有选择地避开。但有一些似乎是无法避开的，那就是不知从何时起，阿明对自己开始了如同军人一样的规定：几点起床、吃饭，吃饭会吃多少，什么时候吃完，吃完后多久去上班，上班的路上要用多长时间，等等。几乎一天的时间他都有严苛的限定，一旦没有在限定之内，他就会涌上来一种无比的愤怒和巨大的恐慌，难以缓解。他一度怀疑自己得了强迫症，因为内心好似有两股劲在互相拉扯，一个是必须要做的强势，一个是我根本不想做的抗拒。这让阿明困在其中无法摆脱，痛苦异常。

阿明并不清楚自己怎么会这样，但他隐隐地感觉到这与过往有关，也许从前的一切并没有走远，自己也没有真的得到自由。

入侵、控制与男性权威者

阿明来寻求咨询师的帮助是因为工作中的困境，这一点自然也具有别样的意义。因为“入侵、控制、男性权威者”，这三个触发阿明的重要元素恰恰集中于如今的工作中，就完全激活了他早年面临的恐惧境地。可以说，他曾经竭力避免的感受，如今再也无法回避。

如果从精神分析的层面来诠释这三个部分，也许能让我们更好地理解阿明的内心正在经历着什么：入侵，如同一种异物粗暴而又无法抵抗地进入我们的身体。这极具性的象征意味，如果对于女性如同被强暴，若对一个男性，则好像以入侵的方式被阉割，再也无法行使作为男性的功能。阿明就是被入侵过的，当年他自己的房间日夜都要开着门就如同无法守住自己的身体，而对于一个正处在青春期的男孩，身体上的变化明显而又难以启齿，这带着羞耻感的秘密没有被尊重和保护，却被无情地入侵和剥夺了，所以我们可以想象阿明会有怎样的感受：羞耻、痛苦、愤怒、无法保护自己的无力与无助。而这些在未来的人生里，都增加了他在想象层面的恐惧，让他对于自己的空间（现实或心理空间）尤为敏感。

控制，其实意味着失控。有多强烈的控制，就意味着有多强烈的失控。阿明选择了一个自由又有创造性的职业：设计师。这个职业在无意识层面对阿明有着特殊的意义。自由是对控制的挣脱，创造性说明他对于自我建构的强烈需求，而设计就好像“我有设计和掌控自己人生的权利”的意味。可以说，这个职业代表了他强烈的成长和实现自我的需要。

但自由与挣脱，有时也是危险的。因为在阿明的内心始终有一种深深的恐惧，就如同当年父亲对他的惩罚、极度控制与随意剥夺，让他无法确信自己有力量能够主宰自己的人生，父亲好像一座大山压在头上，让他并不敢真的自由。而这种恐惧就化成了另一种力量，变成了时时刻刻都会强力压制自己的武器。

男性权威者，其实就是他父亲的化身。每个男孩与父亲之间的关系，都一定面临着竞争与认同。在与母亲最早的融合之后，孩子慢慢会意识到有另外一个人的存在，这个人就是父亲。而父亲和母亲之间似乎更为亲密，这会让他心生妒忌。当二元关系变成了三元关系，就会引发孩子与父母之间错综复杂的情感纠缠，也就是精神分析中提到的俄狄浦斯冲突。男孩与父亲的竞争是源于对母亲的争夺，但在失败之后就会慢慢转向对父亲的认同，因为“若想得到像母亲那样的女人，就需要成为像父亲一样的男人”。

但这样的成长历程，对于阿明却有着不同的走向。当年阿明的妈妈生下他之后就以不能请太多假为由，立刻回到了自己工作的城市。阿明被奶奶带过一段时间，后期奶奶身体不好，基本上就都是父亲来带他了。从心理发展的层面来看，似乎缺少了竞争的部分，因为无论是他还是父亲，都没能留住母亲，那么在认同的部分，阿明也一定面临着困难。在阿明的心里，父亲作为男人并不成功，作为父亲更不够格。他只会把愤怒发在自己身上，用控制的方式来侵占自己的空间，或者说，父亲并不把自己当成一个需要尊重的人，而只是他的一部分。

在阿明的眼里，父亲代表的只有恐惧与伤害。

父亲的无力感

原生家庭中所制造的创伤之一就是：无法消化的情感会以无意识的方式来传递。

比如阿明的父亲，他的人生里就经历了不可控与被伤害。首先是他和妻子的关系：他知道他们的异地状态终究会出现问题，但他做了多次尝试都没有用，妻子始终坚持以工作为主，不想来到他的城市生活。他也想过带着孩子去妻子那边，却也因为种种问题搁浅了，最终还是没能守住这个三口之家，妻子果断离他而去。尽管他曾经有这样的担忧，但事情真的发生还是狠狠地伤了他。妻子的绝情、自己和孩子轻易被抛弃，这是一种无法言说的复杂心境：愤怒、痛苦、挫败、羞耻轮番上演，最终化成了深深的无力感。

当一个人无法消化自己的情感时，他会怎样？也许每个人都有自己不同的对待方式，但若在此时能有一个人承接住你的负面感受，你就会好过很多。这也是为什么在脆弱的时候我们更需要他人的陪伴与分担，哪怕是有一个能够让你发泄出来的地方也会有缓解。但若是，这个人还只是一个孩子呢？

许多父母都这样做过：在工作或者生活中自己遇到了不顺与心烦的事，孩子就有可能成为出气筒。虽然这并非有意为之，但客观上孩子的确无辜地承接了父母的情绪。比如阿明，就在母亲离开父亲的那段时间里，成为了父亲情绪的发泄处：父亲对他的惩罚就好似对自己的惩罚，父亲将他关在又窄又小的黑屋子里，也是在孩子身上投射了自己的心境：恐惧、被遗弃的痛与窒息感。而对阿明的严苛控制，更意味着他对生活巨大的失控。

这些情绪其实不仅仅源于婚姻，婚姻只是一个导火索，激活的同样是他早年痛苦又无助的体验。阿明的父亲也有一个权威者形象的父亲：他在外面呼风唤雨，在家里也有着绝对的地位。尽管只有这一个儿子，他的父亲却从未疼爱和尊重过他，反而一直在贬低和嘲笑，甚至总是透露着一种无奈：我怎么会有这样一个不成器的孩子。阿明的父亲根本无法得到自己父亲的爱，更可悲的是，他的母亲软弱到也无法给他一点点支持，于是在这个家里，他仿若没有存在。

一个没有存在感的人，也许一辈子都在努力寻求自己的存在。如果他很难做到，就会抓住任何一个机会、一段情感甚至一个人来印证自己的存在。当阿明的母亲果断离去，阿明就被迫成为了那个被紧紧抓住的载体，于是他感受到了窒息以及“这个家里没有自己，自己不过是父亲的附属品”的强烈感受。

但当这一切都无意识地传递下去，创伤也就被造就了。

说出你的愤怒

在咨询中，咨询师问了阿明一个问题：你愿意说说对父亲的感受吗？

阿明沉默了，他几次想开口说点什么，却总在开口的那一瞬紧紧地闭上了嘴。仿佛只要开口，就会有无法控制的话语脱口而出。于是咨询师给了阿明这样一个解释：你的表达困难，其实也是在控制自己的情绪，因为在你的心里，也许有数不清的对父亲的怨恨与愤怒，它们一直都在那儿，从未离开过。还可能越来越多，你担心自己一说出口，愤怒就会源源不绝，它们足可以吞没你，也会让你害怕无法控制自己。

阿明点点头，眼泪夺眶而出：“我太委屈了，我也恨他为什么这么对我，我都害怕自己会冲动到伤害他。”

阿明的表达困难，的确有着不同的意义。因为表达就意味着通过说出自己的想法与感受来呈现自我。当一个人没办法表达，就好像这个功能被抑制了。一方面他的自我习惯了被剥夺，而仿佛失去了这个自主权。另一方面被抑制的功能也意味着一旦有什么被打开与呈现，就可能面临着他无法承受的东西：也许是痛苦或者伤害。所以阿明每每面对需要表达的场合，似乎总有一种力量让他变得尤为紧张和惧怕，就好像某种危险降临，让他不得不压制自己。

“我想我确实恨他，他就好像一个暴君，要主宰一切。我不能说话，说话就会侵犯到他的权利。我也不能拒绝他的要求，这样会让我的处境更糟。虽然在我长大后，他并没有动手打过我，但在我的心里，我始终感受到那种不知道会发生什么的恐惧，这让我只想离他远远的，这辈子都不见，也许我才能安全。”阿明一股脑儿说了很多，然后他长长地呼出了一口气。

这些话语只是一个开始，之后阿明用了几乎半年的时间来谈对父亲的情感，这对他来说有着非常重要的意义。因为父亲就是阿明心中那个过不去的部分，那些复杂的情绪搅在一起，始终压在他的心头。如同父亲当年一样，他一直没办法去消化这些负面的情感，只能回避和试图压制。但情感就是流动的，它无法被压制住。若不被允许流动，就会成为一个巨大的障碍，堵住你人生的出口。只有通畅起来，这一切才有真正意义上的改变。

我该如何重生

在充满创伤与痛苦的原生家庭里，有一种感觉是很无奈的，那就是你渴望摆脱，却常常无力摆脱。这种无力并非现实的无力，比如阿明就通过自己的努力，远离了这个家和如同暴君一般的父亲。如果从现实角度看，他挣脱出去了，再也不会回到那种被控制的局面里了。但从情感角度看，他并没有挣脱出来，依旧让自己停留在从前那个孩子的内心。许多在原生家庭中备受伤害与痛苦的人，都会慢慢地意识到这一点，无论他们走得多远，和家人断得有多彻底，但内心他们从未走远过，甚至依旧停留，将曾经发生的一切原样复制。

阿明就是这样。他对自我的控制，就好像他的父亲与他合为一体，一个是不由分说地要求，一个是异常愤怒地反抗，他在自己的身上复制着和父亲之间的挣扎、对抗，无止无休。如果我们尝试着从更深的层面去理解阿明如此的举动，就会发现这里面包含着非常多的感受：

一个是对于恐惧的预防。在阿明心里留下的最大创伤其实就是恐惧。和父亲在一起那么多年，这种惴惴不安的感受时刻伴随，虽然现实中并没有发生什么，但在他的想象里自己随时可能被毁掉。这种巨大的毁灭感就是面向死亡的焦虑，也许这种感觉在婴儿时期就被深深地种下了，母亲的缺席、奶奶缺乏足够爱与关注的照顾、父亲在情感上无法做到的回应，都让婴儿的死亡焦虑被激活和不断地放大。这种感受扎根于内心，时刻可能被唤起。于是最大限度地去控制自己，就是在控制强烈的焦虑。

另一个是对父亲隐秘的认同。尽管父亲在阿明的心里完全不是一个合格的父亲。但作为孩子唯一能够依靠的人，他对父亲的恨意背后同样有着另一层的深刻情感——依赖。没有一个孩子能够独立生存，他们都需要父母（或类似父母的养育者）的照顾与养育。无论养育者多么糟糕，但养育本身就在建立关系，它就胜过没有任何关系的存在。（曾奇峰：糟糕的客体关系也比没有的好）所以阿明对于父亲同样会有一种认同，这种认同会帮助他成长（比如把关注点只放在学习上），帮助他适应和父亲在一起的环境（减少被虐待的可能），以及在情感上能抓住的唯一依靠。尽管如今的外在环境不复从前，阿明也不需要以继续服从控制来保护自己，甚至这种认同已经开始转变成一种障碍，但在他的内心里，情感的依赖却一直都在，也就是说，父亲其实是他最重要的那个人。

最后一个是：阿明并没有学会如何好好地照顾自己。控制是他熟悉的，虽然这并不舒服，却是他在原生家庭里学到的唯一模式。因为他没有被温暖、有耐心地对待过，感受与情绪都无法被父亲理解与容纳，所以在他的生命里，这些美好与温柔都是他陌生且不敢靠近的。尽管他已经成了家，有了自己的爱人和孩子，但他始终不敢相信自己值得被好好对待。和妻子之间的关系总是搞得很紧张，对孩子他唯一的方法也是严厉。因为当他没有被好好照顾过，他其实也无法去好好照顾别人。

而当这些能够被深深地理解，重生之路才会开启。因为只有你看到自己的过往都发生了什么，这些给自己又留下了什么，你就会知道要如何去面对它。

阿明的愤怒与怨恨用了将近半年的时间被呈现与梳理，他对父亲的爱与依恋，就开始慢慢展现了。曾经的恨、失望、恐惧、愤怒占满了他的身心，也就自然阻挡了背后的爱与渴望。当这些是没有被整合的，他的人就会处于分裂状态。就好比内心的两股力量在抗争，让他无法安稳和放松，如今当所有的情感都能被看到、理解和尝试去接纳，他也就自然放过了自己。

重生，其实并不意味着一切重新开始，而是在你经历了浴火煎熬后，所能够获得的重新生长的力量。

相信阿明会越来越好。

第 2 章

在缺失的原生家庭中艰难成长

一个理想的家庭是父母都在，且都站在他们各自的位置和角色上发挥自己的作用，那么孩子就会从中汲取力量，自然成长。

所谓父母都在，自然是一种理想状态。但现实中因为各种原因，夫妻未必能维系好在家庭中的关系与情感，最终不得不分道扬镳。或是其中一方遭遇变故而导致丧失，那么对于孩子，原始的三口之家就会被打破，三元关系就回到了二元关系上。

我们从不定义单亲家庭就一定意味着会出现问题，因为有着健康人格的母亲或父亲，即便只有一个人依然能给予孩子一个健康人格的生长环境，让孩子在温暖、被包容和接纳中自由生长。但不得不承认的是，在当前的大环境下，单亲家庭的出现更多是由于人格不够完善、无法处理好亲密关系而导致的。于是可以想象到的是，在与孩子的亲密关系中同样会出现很多类似的问题。而丧失则会带来另一种困境，同样值得关注。

在这里需要特别说明，我们提到的母亲与父亲，不单单被固定在女性和男性的性别上，而意味着一种角色。因为在某些家庭中，父亲会担起母亲的责任，母亲也同样会担起父亲的责任。对于一些特殊的家庭组成，比如隔辈也可能会替代妈妈或爸爸，成为养育者。另外，对于同性恋或是更为复杂的家庭结构，就更不会拘泥在性别上了。但无论哪一种，只要角色在，并且能够很好地完成这个角色需要承担的任务，对于孩子的成长就是有利的。若是角色缺失，或是无法实现任务，孩子的成长就必然有所缺乏或者不足。

那么从孩子的角度，若是他面临缺失，这会对他造成怎样的内心呢？这是一件比较难确定的事情，因为每个人都会有不同的理解角度和应对方式。但通常意义上来讲，当孩子面对缺失，这会带来情感上的巨大冲击和内心的动荡不安。如果父母此时对孩子没有太多的关注和理解，帮助他消化此时复杂的感受，那么对于孩子就将是一个不小的创伤。另外，留下的重要养育者如果难以承担起责任，孩子极有可能会越位，被迫从孩子变成成年人来帮助承担。这也同样会导致很多问题的出现。

所以缺失，无论是对父母还是孩子，都将是一个更加艰难的处境。

是爱，还是无法承受之重

我们离婚吧

结婚三年的晴晴最近陷入了困境，她和丈夫总是在闹矛盾。而在一次只有两个人的谈话里，他主动向她提出离婚。

说实话她从未想到这样的决定会从丈夫的口中说出来，因为在她的眼里，丈夫是个性情温和到甚至有点懦弱的人，离婚对于他是件天大的事。而且之前他们就算再闹别扭，也从没有说出过“离婚”这两个字，于是这对她就好像晴天霹雳一般。

说晴天霹雳，这样形容并不夸张。一方面在两个人的感情和关系中，她始终占据上风，是那个有完全把控位置的人，这句话如果从她的口中提出来都不会太奇怪，但是居然主动提的人是他，这让她猝不及防。而另一方面她的内心好像有什么东西被一下子激发出来，那是一种隐隐的恐慌，面对可能会失去一个重要的人的恐慌感，这让她非常不舒服，感觉自己必须要做点什么防止这样的事情发生。于是她意识到，也许自己比想象的更要在乎他。

但到底因为什么走到了这一步，晴晴却并不清楚。在她的感觉里，尽管这段时间的确有许多小矛盾，但还不至于到提出离婚的程度，莫非他在外面有了别人？而这个念头一冒出来，晴晴立刻就警觉了，她的脑子里开始迅速搜索关于丈夫可能接触的人、最近的工作状态是否正常、他的表现有没有漏洞，等等。都说战斗状态的女人智商堪比福尔摩斯，晴晴自然也不例外。但当她几乎想遍了所有的线索，最终还是排除了出轨的可能。因为丈夫的生活太简单了，三点一线一目了然，连“作案”的机会都没有。另外，她深知他是个怎样的人，当初选择他很大一部分原因就是他很老实、正派、规矩，出轨这件事对于他是难以想象的。

那么，是什么原因呢？晴晴百思不得其解。

而这个问题的答案，最后还是他告诉了她。让晴晴没想到的是，他们的婚姻对于丈夫，完全是不同的另外一种感受。

他是这样说的：虽然我们结婚三年了，但在我的感觉里好像过了一辈子。这种生活就跟我没遇到你之前一样，没有太大区别。尽管我是个没什么情趣的人，但我也希望当自己有了家，也会有不同的可能。但我感觉不到你在乎我，甚至有时我觉得你都看不见我，每到我们重要的纪念日，你都回家帮你妈做这做那。我挺生气的，但又觉得是不是自己太小气了。这一年，你把你妈妈接过来和我们一起住，我就更感觉不到自己的存在了。最近我和你闹矛盾，我知道是自己在赌气，想让你能看到我，哪怕跟我吵吵架我都感觉自己在这个家里是存在的。也许这样比喻不太贴切，但我总觉得我是个外人，你和你妈妈才是在一起过日子的人。

这些话如同倾泻一般，一股脑儿被扔到了晴晴的面前，她整个人再次蒙掉了。

难以均衡的关系

晴晴一时难以消化丈夫的情绪，但她听到了他在婚姻中的委屈和愤怒，好像和自己的母亲相比，他完全被放在了一个次要位置上，甚至是看不见的。晴晴的脑海中顿时出现了很多画面，在那些重要的日子里，她确实抛下了他回到了原来的家，和自己的母亲在一起。她从没有多想过，只觉得这不是什么重要的事，毕竟两个人在一起的日子太多了，少一天又算得了什么呢？

而将母亲接过来也是她自己的想法。丈夫最初并不同意，他还是希望两个人在没有孩子的时候珍惜二人世界的时光。不是不孝顺母亲，而是最好留有一点空间。但是她还是坚持了，因为一想到母亲一个人在家里孤单着，她的内心就无比煎熬。

丈夫的感受，其实她也能理解。因为自从母亲和他们住在一起，好像生活没有什么大变化，只是多了一个人一副碗筷而已，但某些感觉也在无形中发生了变化。比如她确实更多地关注着母亲，母亲的身体一向不好，她就每天都给母亲量血压，时常带着她去做检查，陪着她散步遛弯，还变着花样给她做饮食上的调理。而母亲一旦心情不是太好，她又会想尽办法逗她开心，参加一些旅游的项目陪她一起去散心。好像生活中的内容都是围绕着母亲，在这么长的时间里，她确实顾不上丈夫了。

而另一方面说起来有些难以启齿，他们许久没有性生活了，这也是丈夫感到不满的原因。毕竟家里有了老人，她总是感觉不方便，好像没办法像之前那么自由随意，而在拒绝丈夫几次之后，慢慢地他们就很少再甜蜜了。

矛盾确实有来由，这一点晴晴无话可说。但在她的内心里，如果将他和自己的母亲放在一起比较，她的确会毫不犹豫地选择母亲。这根本就不是一个选择，或者说在她的内心里就没有要做衡量的天平，因为母亲对于她实在太重要了。

在每个人的心里，母亲都是独一无二的。但对于晴晴，情感会更为深重。因为在她的原生家庭里，只有母亲与她相依为命。父亲在她六岁时出轨和另外一个女人跑了，只留下母亲一个人艰难地抚养她长大，尽管生活很困难，母亲也没有选择再婚，而是守着女儿继续在这个家里。在她的心里，母亲做的所有一切都是为了她，没有母亲就没有自己的今天。所以这种情感，也许是完整的家庭所无法想象的。

但当丈夫如今用离婚这么决绝的方式来表达自己的情绪，也说明他已经到了忍无可忍的程度。可是，真的要离婚吗？

晴晴第一次感到内心无比烦乱。

离婚意味着什么

在咨询室里，晴晴将自己的难题抛给了咨询师：你说我应该离婚吗？

这是一个没办法回答的问题，如果咨询师说应该，仿佛我们是支持她这么做的，常常来访者就会找出“不应该离婚”的种种理由来反驳。但如果咨询师说不应该，来访者同样会摆出各种“不得不离婚”的无奈。也就是说，无论你站在哪一个观点上，都根本站不住。所以从这个角度去理解来访者，她并非想得到一个回答，而恰恰是这个问题本身就是一个剧烈的冲突。当我们感觉到难以回答，也正说明了她同样无法给出让自己肯定的答案来。

所以咨询师没有直接回应，而是反问了一句：“离婚对你来说，意味着什么呢？”

晴晴迟疑了一会儿，然后缓慢地说：“离婚意味着，我又回到从前了。”

离婚对于每个人的意义都不同。有的人觉得离婚是两个人磨合失败的结果，有的人会赋予离婚以解脱的含义，而有的人则将离婚视为自己无法活下去的标志。可以说每个要面对离婚问题的人，都有着自己不同的理解与感受。从现实层面看，离婚好像是两个人即便通过努力，最终也无法维系关系的无奈结局。但从心理层面来讲，婚姻是早年在原生家庭里亲密关系的再现。所以决定和一个什么样的人在一起，以怎样的方式维系关系，以及两个人会不会走向结束的境地，这一切都会无意识地打上原生家庭的烙印。因此如何看待离婚，本身也具有独特的意义。

而晴晴的回答，正说明了这一点。

结婚意味着她从一个女孩变成了女人，走入了一段新的关系，是新的开始。而离婚，则意味着这一切全都退回去了，她从女人、妻子的角色退回到小女孩的角色，重新回到只有她和母亲的家里。

这是一个非常特别的答案。因为是否维系婚姻，其实只在两个人之间。她的回答却牵扯出第三个人，就是她的母亲。好像她从一段关系中退出来，就会立刻回到另一个身份与角色。后者对她，显然具有更大的吸引力。这就如同当下她所面临的处境一般，婚姻和母亲其实根本不必成为对立的两面，对于她却成为了非此即彼的选择。

我也要奉献我的一切

选择，有时是一道伪命题。

有许多人都为该选什么纠结矛盾，而偏偏面临的选择又旗鼓相当，以至于无论耗费多久的时间都难以下定决心。那么这样的选择不过是一个障眼法，遮盖的是背后那些真正的动力：比如选择既等于得到，同时也意味着失去。因为无法接受失去所以宁可停留在原地。比如选择意味着你为自己做了决定，但每个决定都有好与不好的两面，自己是否能 hold 住不好的一面却没把握，于是出于恐惧也无法做出选择。

而晴晴的选择，同样是一个伪命题。一方面她对丈夫的忽视，一早就定下了两个人相处的基调，所以走到如今并不算出人意料。只是她回避去想这个问题，任由事情发展。另一方面她主动将两个人树立成了对立面，似乎最终选择迟早会摆在眼前，而她也必然会做出这样的决定，从这些来看，其实她一直在促使自己走向这一天。

当咨询师面质了晴晴这个部分，她沉默了。许久之后她艰难地吐出了一句话："我母亲为我付出了一切，我也要奉献自己的一切给她。"

不知道这样的一句话，会让你们有怎样的感受。但咨询师此刻的内心却是五味杂陈。付出、奉献，这样的理念在我们的传统文化里一直被广为推崇，仿佛“为了他人而不为自己”是一种无可比拟的美德，这种集体潜意识在曾经的年代里是具有功能性意义的，因为它会帮助我们分享更多的资源。但随着时代的发展、个人的觉醒，我们越发意识到这种意识的局限和桎梏，而最大的问题就是：它传递给被付出的一方极为沉重的压力，越是奉献与牺牲，压力越沉重如山。

晴晴的话语，就传递出了这样的味道。因为在她眼里看到的母亲，就是一个可以付出到完全没有自我的人。无论是当年对自己的丈夫还是孩子，她都将最好的留给他们，而剩下的才轮到自己。印象中最深刻的就是母亲有一件缝缝补补十几次的衣服，直到它彻底破掉才勉强不要，而晴晴和爸爸则从来都是穿着干净整洁的新衣服。这样的习惯一直维持到如今，哪怕晴晴赚钱给母亲买了好多衣服，她也依然穿着过去的旧衣服，劝说也是无用的。

也许母亲没有想过这对女儿会有怎样的影响，但在晴晴的内心始终有着非常强烈的内疚感。她总觉得是自己剥夺了母亲好好生活的可能性，如果没有自己，母亲就不会这么拮据；如果不是自己的成长需要花费这么多，母亲也不会活得这么艰难；如果没有自己的拖累，也许她还能找到另一个值得托付的男人。但这一切，都因为有了自己而完全不同。所以当母亲拿出自己的一切来给她，她要还回去的，也就只能是自己的全部。

而晴晴的全部有什么呢？时间、精力，甚至还有自己的需要。

对于时间和精力，曾经有人这样说，如何衡量一个人有多爱你，那就要看他能拿出多少时间和精力在你身上。这句话还可以有更细致的解读：因为时间是不可逆的存在，所以它比任何东西都更宝贵。当一个人愿意拿出时间来陪伴你，就意味着他拿出生命的一段长度与你共享，那么你的珍贵不言而喻。而精力则意味着，不管这个人是否在你身边，但他的关注和心思是在你身上的。在为你用心的这一刻，你的存在与价值就会被最大地看到和展现。

这两部分尚且好理解，许多沉浸在爱之中的人都有深刻的体会。但“需要”，却是一种复杂的感受。因为如果爱需要牺牲自己的需要去满足对方的需要，甚至为此回避和隐忍，那么这样的爱，一定带有痛苦与凄凉的色彩。

晴晴作为一个女孩有着对母亲的深情，但她作为一个女人同样有着对另一半爱的渴求。尽管她当初找寻爱人的标准更多是在规避曾经父亲的风险，但不能就此武断地说她并不爱这个人。甚至当丈夫真诚而直接地表达出自己被忽视的痛苦与愤怒，反而她内心中的某些感觉被激活了，让她想到了曾经与他相识相爱的时光，那些日子其实并没有过去多久，只是因为将母亲放在了第一位，而让她忽略了自己也有过的需要。

这些需要并不是不重要，只是在面对母亲的奉献而产生的巨大内疚面前，她也只能以此献出，方能缓解。

奉献：带有石头的礼物

奉献，在我们的文化语境里简直再常见不过，被推崇的同时更像是一种要求。虽然时代和民族的因素是不可或缺的背景，但如今在更宽松的语境下，我们得以对它有着更为深刻和辩证的理解：奉献意味着将“我所拥有的”给了你，且不求回报。

如果从社会某个阶段的发展来说，当每个人都无私地将自己的拥有拿出来，的确能够汇聚成一股巨大的力量。而因为预设每个人都会这样做，所以也不存在不均衡的分布。就有点像流水能够流淌到每一个角落，人人也都在拿出去的同时“收回来”。但从实际来看，这却是一种如同乌托邦式的理想，当我们的自我还没能实现满足和均衡，自然也无法拿出奉献的精神来。用句通俗的话来解释：我都没得到，也就没有什么可给你的。

也许以这样的角度谈母亲与孩子之间的情感不那么合适，因为从通常意义上说，母亲对于自己的孩子天然就饱含着深爱，奉献自己的全部既有文化带来的潜意识，也有自然而然的情感流动。但若从精神分析的角度去理解，母亲对于孩子的过度奉献，背后总会有着自己隐秘的需求。

因为没有一个人需要对另一个人付出自己的全部，哪怕是母亲对孩子。就算女人成为了母亲的身份，并且一度和孩子融合，这种情感也许是其他情感所无可比拟的，但刨除这个身份，女人首先是自己。只有照顾好自己的内心与外在，才可能有充盈又无妨碍的情感给予孩子。充盈指的是自己得到的爱是足够的，无妨碍则意味着没有什么会阻挡爱的流动。而这两者的关系是：当一个人能够得到足够的爱，她便有能力将爱传递出去，且不会受到影响。换句话说，她只有先让自己得到满足，才可能顾及他人。

但如果一个人无法得到满足，她还会奉献吗？也许会。但这种奉献的味道就变了质，如同压着一块巨大石头的礼物，你可以拿走礼物，但必须带走石头，而石头就是她的自我。

晴晴的母亲就是这样。

她是个任劳任怨的女人，凡是认识她的人无不这样说：能娶到她一定有着天大的福气，成为她的孩子也一定有着前世修来的福。因为当你遇到一个将自己付出到极致，又不需要你付出什么的人，你还抱怨什么呢？她的丈夫，也就是晴晴的父亲，在当初相亲的时候就频频听到别人这样评价。而真的和她在一起后，他也意识到自己好像捡了个宝。家务活不需要自己插手，她都弄得妥妥当当的。她这个人也从不发脾气，说话柔声细语甚至总是有点胆怯的样子，就算在一起许久了，她也对他小心翼翼，生怕他生气。而自从孩子出生，关于孩子的所有事情她更是都揽了过来。

如果就这样过一辈子，也许也是可以的。但晴晴的父亲逐渐在这样的生活里感到了一些不同的东西，那就是巨大的压力。这种压力以两种方式表现得最为明显，一个是晴晴母亲并没将自己放在和他们一样的位置上，而是更像一个受尽委屈的人。好的东西她一定会留给丈夫和孩子，包括吃的、用的，而轮到自己就都是他们剩下的。吃饭也常常不在一个桌上，等着他们先吃好自己再吃。而一家人出去时对比就更强烈，好像父亲带着孩子而后面跟的是保姆。凡是见到的人几乎都会指责他怎么这样对待自己的妻子，太自私了，而他却百口莫辩。

另一种感觉是直接来自于她。她特别习惯于叹气，每天都有许多次，无论是做饭、洗衣服、做家务、带孩子，哪一项都伴随着她叹气的声音。这个声音让晴晴父亲感觉特别刺耳，每次听到都会让他无比压抑，就好像被某种东西困住了，挣脱不得。时间长了他就越来越愤怒，也因此发了几次火，但并没有什么用。

晴晴的父亲并不算是一个自私的人，但他越发感觉到自己在她面前丑陋不堪，好像自己既像个无情的剥削者，也像是个寄生虫，只是在享受着她创造的一切，却毫不感恩，甚至还总有愤怒和恨意。他不知道怎么会变成这样，而自己也无力改变。虽然尝试过和她一起分担，但最终总会回到原来的局面里。慢慢地，他就有了想要挣脱的念头。

出轨，对于他其实更像是一次出逃。远远地离开了她，才能避免压力和甩脱不掉的羞愧感。但这样的行为，却在另一个层面上更加证实了她受害者的身份。

压迫背后的渴望与惩罚

我们常常说要如何去看待一个人，其实最好的角度之一就是她最亲密的人。尽管从一个人的眼里去看对方未必就是对方真正的样子，但是彼此之间的互动，却一定传递着最真实的感受。因此我们可以从晴晴父亲所经历的过程，来理解他的妻子有着怎样的内心。

1. 压迫与渴望

晴晴的母亲传递出来的最大感受就是压迫。她的丈夫收到了，她的女儿也收到了。仿佛她的奉献带有一种无形的压力，让人无法承受。看起来奉献出自己的一切，是让人无法拒绝的好，也是最具吸引力的，她也正是通过这样的方式让对方接受自己。但从另一个层面看，当一个人传递出某种感觉，常常是她正身处在这种感受当中，而因为无力承担，才会转嫁他人。所以我们可以大胆地揣测：在她的内心里有着巨大的压力。而这种压力不是别的什么，正是她自己。

晴晴的母亲出生在一个孩子众多的家庭里，她既不是第一个，也不是最后一个，所以并没有得到父母格外的关注和照顾。她的个性自小内向、懦弱，总是一副怯生生的样子，凡事都习惯跑到别人的后面躲着，所以相比兄弟姐妹们，她最不被父母喜欢，甚至总是遭到嫌弃。父亲对她最常说的一句话就是：你再躲着我就不要你了。

当我们追溯到每个人在原生家庭中的成长经历时，总会发现有一些对待、态度，甚至语气都会在内心里刻下一些无形的印记，如果这些印记没有被推翻，甚至不断地叠加，那么对孩子而言，就会形成难以磨灭的创伤。

晴晴的母亲心里最害怕的就是被抛弃。她觉得自己并不像别人一样有着这样或者那样被喜欢被肯定的优点，能让她在情感和关系中保证自己位置的稳固。她能做的，就是成为一个不断付出和奉献的人，仿佛只有如此才可能让自己安全。所以对于自己建立的家，她几乎用尽了全部的力气。可惜这个力气并不是正常的需求，因为她并没把丈夫和自己看成平等的爱人，而是复制了当年父母和自己的关系。正因为在他们眼里看到的是一个被嫌弃、被讨厌，如同负担一般的自己，所以她从不敢想自己有可能得到一份被尊重、被呵护的情感。尽管在现实层面，她完全可以做一个有权利的女主人、一个自信的母亲，但内心的定义永远都是更有力量的存在，让她无意识地把自己放回从前的位置，变成那个依旧怯生生、无限放低自己、讨好对方的人。

一个不被喜欢的人终其一生希望得到的就是能被喜欢，为此她可能不惜任何代价。晴晴的母亲就传递出了这样的渴望：她在奉献自己的一切，以此换得对方的爱和不离不弃。如果自己任劳任怨，也许他就会爱自己。如果自己把一切好的都让给他，他可能就会满意。甚至她也以另一种方式来表达自己的需求：当别人都批评他对自己不够好，是否就能让他意识到需要去关心她了？当她不断地呈现自己的难过与无奈（叹气），是否足以让他感受到自己被关注的渴求？换句话说，在她无限放低自己的背后有一种巨大的渴望：你，能担起这个我吗？

2. 惩罚

当一个人把自己放在了极低的位置，她一定还会有另外一种情感：愤怒与怨恨。就如同晴晴的父亲所感受到的那样，他对别人的指责百口莫辩，仿佛他就是一个素质低下的人，无故欺压着自己的妻子。而以悠悠众口进行审判，这无疑是最高的惩罚。

而另一种隐秘的惩罚方式则是：叹气。晴晴母亲的习惯性叹气，我们可以试着去体会一下。有点像一个人长期受着压迫，无力摆脱和被解救，能做的就是将压抑的那口气叹出来。可怜、无助、悲伤、无奈，都在这口气里被全然表达。如果这口气是对着自己的，也许是一种自然的释放。但若这口气是对着他人的，甚至是每天都做，我们可以想象接收到的人会是一种怎样的感受。所以晴晴父亲再次感受到巨大的压力，这是一种默默地却又如此强烈的指责感，无法挣脱。

其实他更像一个替罪羊。

尽管他确实享受着妻子给他提供的一切，并且最终出轨的行为证实了他也有不可推卸的责任。但从心理层面来看，他还是无意识地承担了晴晴母亲对她自己的父母所抱有的愤怒与怨恨。

我要替代父亲来承担你

作为女儿，晴晴内心的情感则更为复杂。

一方面她在这样的家庭长大，眼看着母亲有多辛苦。父亲还在身边时，她的内心就选择站在了母亲一方。跟外人一样，她将所有的问题都理解成母亲是个可怜的人，而父亲就只顾享受，是父亲欺负母亲，所以她始终为母亲鸣不平。直到后来父亲出轨离开她们，她的怨恨就更强烈了。当时还幼小的她就下定决心要帮着母亲承担起这个家。

单亲家庭中常常有这样的状况：当父母的一方背叛或者离开，孩子可能就会逼迫自己离开原有的位置，替代离开的父亲（或母亲）担起责任。就好像这个家庭依旧没有散，一切如同之前一样。如果留下的养育者是软弱无力的，他（她）可能就会默许孩子这样填补，无论是生活还是情感其实都是对自己（而不顾孩子）的一种补偿。

但这样长大的孩子，就会出现很多问题。因为他没有在孩子的位置上去度过原本属于他应该经历的阶段，心理上的发育就会出现欠缺。看起来孩子是比同龄的人更成熟，但内心真正的自己因为无法自然成长而遭受痛苦和抑郁。

晴晴就是在这样的心境下长大的。

原本的她开朗活泼，有许多好朋友。但自从父亲离开，家里只有母亲一人，她就很少和朋友在一起了，而是尽量拿出时间去陪伴母亲。母亲做饭她洗衣，母亲擦地她收拾家，几乎没有多余的时间出去玩，由此她也慢慢变得内向和孤独了。即便她会劝说自己母亲才是最重要的、值得付出的人，但在内心深处，她总有一种无法言说的痛苦和空虚感，仿佛这样活着并没有什么意义。而这样的生活直到她高考，在外地一所知名大学和本地普通大学之间，她咬咬牙还是选择了后者，只为了能每天回家陪伴母亲。而到了恋爱结婚的阶段，她更是选择了一个看起来老实本分的人，要求只是未来能和母亲住在一起。

晴晴的人生，仿佛和母亲紧紧捆绑在了一起。而这其实并非她本意。尤其当她有了自己的爱人和家庭，这种全新的生活给了她从未有过的自由与放松。好像有一种新的可能：她可以为自己而活了。

但每当感受到这一点，晴晴都会增加一份内疚和愧意，甚至她都无法接受自己有这样的念头出现。于是为了避免这种感觉，她开始有意无意地增加自己在母亲那边的时间和精力，忽视丈夫的存在和需求，对于亲密她更是拒绝，就好像只有远离和隔绝这些，她才仍旧是那个属于母亲的女儿。

我能过属于自己的人生吗

在晴晴与咨询师会谈了多次后，她慢慢厘清了自己复杂又纷乱的情感，开始意识到自己和母亲之间那如同藤蔓一般紧密纠缠的存在。

她深爱着母亲，心疼着母亲，甚至一度觉得自己才是那个母亲，而母亲就如同一个孩子，尽管母亲看起来付出了一切，但她又何尝不是呢？而在某些时刻，她又觉得自己如同一个男人在和母亲过日子，丈夫说出来的那些话虽然令人难堪，但的确戳中了她的内心。于是她意识到自己在承担着父亲曾经的角色，但她只不过就是一个孩子。她只有让自己回到孩子的位置上，才能重新活出属于自己的人生。

当她想清楚这一切后，就决定和母亲好好谈一谈。尽管这样敞开心扉的谈话来得有些迟，但对于一个一直渴望的人是如此珍贵。晴晴母亲听到了她的理解后就开始泣不成声，好像这么多年所受的委屈、辛苦付出背后的渴求头一次被放到了台面上，不仅被看到而且被充分地理解和包容了。于是她哭了很久，这是这么多年都没有过的，她内心的那个脆弱无助的孩子在这一刻得到了真正想要的东西。

晴晴在与母亲商议后，决定开始一种新的生活，母亲回到自己的家，晴晴也回到自己的家。她们依旧保持关心和彼此照顾，但生活中打算尝试着给对方一点空间和距离。母亲将目光投向外面，希望能试着接触一些新的东西，其实这也是她自小就有的愿望，但当她只能被恐惧和渴求牢牢地系在家里时，便不得已放弃了另一个发自内心的需求。而晴晴则将目光投回了家庭，她希望能和丈夫重新开始，其实这也是她的自我的重新开始。

很多人都觉得，过久的牵绊会让一个人失去面对的能力，就如同刚刚学步的孩子不知道该怎么向前走。但能力从来都是习得的，最重要的还是你有多渴望。

晴晴在咨询室里问过咨询师这样一句话："我能过属于自己的人生吗？"咨询师在当时并没有给她肯定或否定的回答，而是对她说："当你这样问我，我能感受到你有多渴望过一个属于自己的人生。"这句理解，让当时的晴晴泪流满面，她的感受就如同后来母亲的感觉一样，内心真正的渴望被看到和尊重了。于是她也鼓起勇气，决定正视起自己的需求，为自己拥有不一样的人生争取可能。

我们常说命运难以预测，但真实的一面是：我们自己就站在命运的转轮下面拨着那根转针，指引着我们前行的方向。看似无意识，却有一种巨大的力量在推动着，那就是内心强烈的愿望。当你的愿望没有实现，你就会一直停留在那儿保持不动，但若有一天就算你的愿望还是没有实现，它却被看到、理解和接纳，那份执着的心性常常也就能放下了。

所以，其实我们可以主宰自己的人生。

我只想有个家

古怪的第三者

爱情，是这个世上最吸引人的事之一。那么多人歌颂爱情，沉浸爱情，都是因为在爱与被爱中，我们能够最大限度地被看到和承载。但爱情，却也让许多人感到苦恼，因为相对于其他的情感它是极具排他性的，每个人都希望自己的爱人能够忠诚于自己，若是在爱情中遭遇背叛，那是让人无法想象和难以承受的痛苦。可是，总有一些关系令人费解，似乎他们的感受与想法并不符合这样的逻辑，令人难以捉摸，难以揣测。

小文最近就被卷入到一段这样的关系中。

她是个正在读大二的女孩，学习优异，性格文静乖巧。许多男生都对她有好感，也有直接表白的，但小文都以学习为名委婉地拒绝了。在她的心里其实真是这样想的，自己还小，学习目前是最主要的事，恋爱什么的还是应该放到毕业后再谈，这样也比较靠谱。可是想法归想法，感觉却由不得自己。最近她就发现自己有些心动，但让她难以面对的是，心动的对象居然是自己的老师。

孙老师担任他们系的历史教师已经有一段时间了。在学生们的眼里，他是个学识渊博的人。尽管年龄也就比他们大了十岁左右，但他的知识量之丰富、谈吐之风雅有趣，却给学生们留下了非常深刻的印象，大家背地里都称他为：孙大师。

优秀的学生总是比普通的学生与老师的关系更为亲近，小文也不例外。虽然她的专业不是历史，但她熟读历史的程度却完全不亚于那些历史专业的学生。因此孙老师非常喜欢她，愿意与她谈论历史中的奇闻逸事。有时说兴奋了，他还会邀请她一起吃晚饭，尽管地点是在学校里。

小文还说不太清自己的感觉，但她越发希望能和孙老师在一起，哪怕只是吃吃饭聊聊天也好。于是每天她都算着孙老师下课的时间，然后自己准时出现在他的视线里，制造偶遇。时间长了学生们之间都有些流言蜚语，但小文丝毫不在意，而且看起来孙老师也没有太在意，两个人依旧谈天说地，就好像忘年交一样相见恨晚。

但让小文感到忐忑的是，孙老师最近看她的眼神似乎不一样了，那种眼神里除了老师对好学生的关爱、欣赏，还有些若有若无的注视与炽热，这似乎超越了师生之情，而是有了男女之情的味道。一方面小文有着压不住的开心与激动，就好像自己的渴望有了回应，这是之前的她根本就不敢想的。另一方面她却也有隐隐的忧虑，毕竟情感在幻想中和落到现实是完全不同的，这会引起怎样的风波，她有些恐惧。

于是在一次剧烈的内心冲突后，她做了一个自己都没想到的决定：单独一个人去见了师母。

师母与孙老师相识于大学，她并不算标准的美女，但胜在气质优雅。如今尽管步入中年，气质却并没有太大变化。师母并不认识小文，但一听说是孙老师的学生就热情地将她迎了进来，与她很自然地聊起家常，小文忐忑的心也就慢慢放下来了。其实小文也不知道自己见师母的初衷是什么，但自从去见了她，仿佛自己得到了某种宽心的许可，她不再担心与孙老师之间的交往，甚至偶尔还常常去孙老师的家与他们夫妻两个一起吃饭谈天，一时间关系甚密。

学校其实就等同于小社会，任何事件都会引发人们议论纷纷。小文和孙老师的事情很快就尽人皆知，成了课上课下的热点话题。学生们背地里都叫她孙二夫人，暗讽她和师母和谐共处的古怪局面。

事情演变成这样是小文没想到的。她没想到自己会对孙老师有强烈的渴望，也没想到孙老师会对她有了超越师生的情感，更没想到的是，师母对她还很亲切和关爱，导致她直接进入了他们的家庭，形成了一种亲密却又古怪的局面。虽然这是她一步步走过来的，但有时她也感到恍惚，似乎有一种很强的动力在背后推动着，让她无形中成为了一个世俗意义上的第三者。

咨询室中的再现

如果给每个人都做一个“是否愿意成为第三者”的问卷调查，我想答案都会是否定的。因为无论是从道德，还是情感层面，每个人都不愿意处在破坏和入侵他人情感和关系的位置。而从感同身受的角度更能理解这样的心境：因为也没有谁的情感愿意被他人破坏和入侵。

小文正是这样的心境。

她从未想过自己会成为第三者，实际上有这样的念头都会让她感到厌恶和排斥。从前的她是这样，如今依旧没有改变。所以每每看到别人带着嘲笑的眼神指指点点，她都觉得脸上发烧，有一种抬不起头的羞愧感。她也曾经想放下这段情感，远离老师和他的家庭，回归到正常的学生身份，但只要这样去想，内心就会无比恐慌和痛苦，好像会失去所有的一切，而这，是自己万万不想去经历的。

这样的矛盾在小文的心里剧烈冲突着，让她根本无法安心学业和生活，于是她决定去见心理咨询师，希望能从那里找到出路。

许多选择进行心理咨询的人，常常都在之前做过无数的努力与尝试，希望凭借自己解决难言的烦恼与痛苦。如果从这个角度来理解来访者，我们其实可以明白他们的心境：一方面，每个人都希望依靠自己来解决问题，而不是选择依赖他人，这样会让自己更有掌控和力量感；另一方面，每个人的过往都如同一本书，书中既有好看的一页，也可能有不好看的一页，而常常自己的问题会与后者相关，所以将一个不够好的自己呈现出来被他人看到，这将是非常艰难的决定。

小文的感觉也是如此。尽管她努力说服自己去见咨询师，但真到见面的时候她又好半天都说不出自己的问题。仿佛只要一说出口，自己就会处在以往的难堪和羞耻中，如同在学校面临的处境。她不知道咨询师会如何看待她、评价她，更不知道对方是否就会直接给出一个自己最不能接受的答案——远离。所以在如此担忧中的她，迟迟没有开口。

咨询室中常常上演着这样的一幕：来访者带着他们的困惑与问题来到

这里，却未必以直接的方式呈现，他们以表情、行动等身体语言来传递出隐秘的信息，等待着咨询师的破解。这样做的缘由有很多，其中最主要的是彼此还没有建立信任，就好比你要见一个陌生人，和他说出你最难言的秘密，这是需要极大的勇气的。而非常有意义的部分是：尽管破解并不容易，但这样的情境，常常也是来访者当下处境的再现，这也为咨询师能更好地理解对方提供了重要材料。

所以小文的迟疑与为难，都被咨询师看在眼里，也从这样的表现去体会她正在面临的艰难处境：难说出口的话，意味着难处理的复杂情感，也许还需要更多的耐心。于是咨询师并没有催促，而是给小文倒了一杯热茶，耐心地等待。

小文最终还是开口了，在她慢慢放松下来之后。她一股脑儿说出了自己的问题与困惑，然后有些忐忑地等待咨询师的回应。咨询师并没有如同她的想象给出评价或者答案，而是将她从出现直到现在的过程给出了一个解释：这件事对你而言非常纠结，也非常害怕。就如同你迟迟没有说出口的感觉一样，仿佛一说出口，你就会面临审判，而更糟糕的可能是面对失去。也许你有过这样的经历，只是如今它重现了。

听到这样的回应，小文的心瞬间就被击中了，因为那里的确有一个伤口，只是这么多年她以为自己早已忘却了。

破碎的体验

小文出生在一个并不富裕的家庭里，父母常年在外面打工维持生计。因为无暇照顾她，小文刚刚出生几个月就被放回了老家由奶奶代为看管。

而在一岁左右，父母又因为找到了一份相对稳定的工作和居住地，将她接过来一起生活。但这样的稳定并没有持久性，小文隔一段时间就会被送回老家，原因是父母总会为生活中的琐事吵架，而一旦吵起来，母亲就容易生病，之后就没人照顾她，于是就要把她送回去。在短短几年里，这样的经历有七八次，每一次都至少持续一个月以上，小文从开始哭得不能自已到后来的默不作声，仿佛已经慢慢习惯了。

在小文5岁左右，父母有了一次不小的争执，由头是小文是否需要去幼儿园的问题。母亲觉得应该送小文到幼儿园，这样省得看管她，自己也能到外地找一份更好的工作。而父亲就觉得当地的孩子都是6岁左右才去幼儿园，小文年纪还小，送到幼儿园也容易受欺负，于是坚持推后一年。两个人就为这件事争了起来，之后还越说越离谱。母亲说你更疼女儿，你干脆跟她过吧，我离开这个家。父亲说你胡说什么，你要走就找个好点的理由。两个人吵得不可开交，最后还闹到了离婚的地步，而小文在这样的情境下，再次被送回了老家。

而那一次，就是她对这个家的最后印象。

父母最终离了婚，母亲没有要她的抚养权，让她跟了父亲。而父亲因为打工的原因不方便带她，就将她彻底放在了老家。自此，小文就开启了另外一段生活。直到她上了初中后父亲才回到她的身边，也在奶奶家与她们一起生活了下去。

小文不愿提及的往事就是这一段。而当她叙述的时候也是异常地平静，仿佛内心不起任何的波澜。但咨询师却敏锐地觉察到小文的双手在微微发抖，原来她一直在努力克制着自己的情感。

在咨询室里，我们常常看见来访者非常平静地叙述他们的往事，平静到甚至如同一潭死水，僵硬生涩。但在这些毫无情绪的展现里，我们却总能读到一些“触动我们”的信息，它们或是痛苦，或是恐惧，或是实实在在的创伤。原本它们是没有任何理由被忽略掉的，但若以如此的方式被呈现，恰恰意味着来访者对它们难言的心境：如果一种痛苦到了无法承受的程度，那么能保护自己的方式也许只有忘却和忽略。

在小文的成长过程里，透着“破碎”两个字，哪怕父母都在，也是如此。她自出生起，就没有真正地稳定过。时常会被送到另一个地方的感觉并不好过，这意味着自己是无权决定去留的，不仅这个家不属于自己，连自己去向哪里都不由自己决定。她曾经哀求父母不要让她去老家，只要在家里她就会乖乖的，根本不会惹妈妈生气。但这样的哀求毫无用处，父亲只是不断地许诺他们很快就去接她，让她在老家等着他们回去。而直到如今小文还清晰地记得当年的画面：自己总是站在奶奶家门外眺望着父母的身影，每次都要等很久。直到天都黑了，她才会恋恋不舍地回去。因为这样的等待多数是没有结果的，所以她总是充满希望地去和最终失望地回。

我们可以想象一个那么小的孩子，她对父母会有多么强烈的渴望，而这种渴望又和她被“不定期强制扔到某一个地方”的恐惧形成了鲜明对比。不定期会让她惴惴不安，不知道什么时候就会发生这样的事。强制则意味着她根本没有能力扭转什么，只能被动承受。痛苦、无力、无助、恐惧，这一切都在幼小的小文心里，刻下了难以磨灭的创伤。

当孩子面对伤害，他们常常会有这样的心境：这一定是我的错，父母才会如此对我。如果自己不再犯错，我就能避免这样的局面。当这样去理解，他们至少能够抓住一点希望和扭转的可能，而不会让自己处在更加无力的位置。但这样的理解本身，却也会带给他们朝向自身的攻击和无比的愧疚。

小文的感觉则更为强烈。

因为她的每一次回去，都和母亲生病联系在一起。这让她无形中有一种感觉：一定是自己做错了什么导致的。而奶奶家的人也都半说笑地谈论“她是不是和她的母亲相克”。尽管她那时还小，并不明白什么叫相克，但孩子的感觉是最敏锐的，她完全能捕捉到大人们玩笑背后的排斥和不满。于是幼小的她更加自责了。

而这样的感觉被推到极致的事件，就是父母的离婚。导火索再次关乎小文，这让她的内心承担了巨大的压力。她到如今都记得自己紧紧抓着父母的手，哭到喘不上气，恳求他们不要吵架，不要离婚。但父母根本没有理会自己，反而争吵得更严重了。这样的画面跟了小文很多年，有时她在梦里都会重现这一刻，而每次她都是哭到无法喘息才把自己从梦中逼醒的。

如今小文回想起这些，泣不成声。她哽咽着说：“其实我从未忘记过。”

父母的视角

每一段关系都有双重视角，父母和孩子也不例外。我们可以试着从父母的角度去看待他们之间发生了什么，也许会有更清晰的理解。

小文的父母是经人介绍认识的，当时的她母亲看起来柔弱却又倔强的样子让第一次见面的他印象深刻，于是很快他们就在一起了。恋爱、结婚、生孩子，这一切的发生非常迅速，只在短短两年之间。

我们常说日久生情和一见钟情的区别在哪里，如果从心理学的角度去理解，前者是慢慢打开心房，允许他人进入。后者则是“被某种感觉击中了内心”，将两个人迅速拉近，而这种感觉其实就是压在内心深处的潜在需要。

小文的母亲在单亲家庭长大，她的母亲很早就离她而去，将她留给了爸爸。所以她一直的期待就是能有一个完整的家和呵护她的人，于是他对她的怜爱迅速打动了她。但一个人的缺失其实是个复杂的心境，未必单单是爱与满足就能填补的。小文的母亲就在自己建立的小家庭中慢慢开始呈现出她一直防御着的矛盾情感：孩子刚出生几个月就被送回老家，那是她第一次意识到自己无法面对一个时时都需要她的孩子，这让她感到无比的焦虑、愤怒和恐惧。焦虑是刚刚成为母亲，总会担心由于自己的缘故让孩子得不到好的照顾。而愤怒是更深一层的：自己都没有被好好照顾过，凭什么要照顾别人，于是隐隐地总会有一种想要去破坏的心境。恐惧则是将这些都综合在一起的心绪：不知道如何是好。正因为她无法承受这些纷乱复杂的情感，于是她的身体也开始出现问题，孩子就只能被送走了。

当几个月后孩子被送回来，看起来是因为他们的生活趋于稳定，但实际上是她的心态在慢慢回复平静。那段日子她非常呵护孩子，当然既是想念也有无比的愧疚。但这样的日子并不长久，随着孩子回来，那些没有得到解决的问题再次发酵，她难以控制的情绪又开始引发身体上的反应，于是自此，孩子开始了不定期被送走的过程。

如今我们去回顾这件事，其实可以发现很多有意义的信息：孩子回来她就会生病，似乎意味着孩子和她是对立的，孩子对她有着极大的迫害感。“有她没我，有我没她”的感觉非常强烈。就如同后来她在争吵时说到的

“你干脆跟她过吧”，更加直接表明了她内心隐藏许久的感受。

但这种感觉是怎么来的呢？也许需要追溯的是她与自己母亲之间的经历。我们虽然无法详细得知她们之间发生过什么，但从她对待孩子的心境，也许可以猜测她曾经被母亲放在了一个怎样的位置上。而毫不留情地将孩子送走，这样的举动也更像是一种惩罚。也许是在惩罚孩子，也许是借孩子之手来惩罚母亲，因为作为一个这样的母亲明显是会遭人非议的。

而另一个有意义的信息是：当我们一直在强调母亲，常常会给人一种印象——父亲在这样的关系中毫无作用，但实际上并非如此。至少当我们看到两个类似的结局——最终孩子跟了父亲——就能感觉到父亲在这里能够担起部分责任。但这样的结局明显不够令人满意，如果孩子能够在一个功能性良好的家庭中成长，意味着父亲需要有更多的担当。而这种担当不仅仅是对孩子，更是对自己的爱人。

比如小文的父亲，他当初喜欢的是一个柔弱但又倔强的女子，但他不知道柔弱意味的是她有着脆弱的内心与情感，需要更多的理解与包容。而倔强则说明了她的自我保护意识非常强，只有把自己厚厚地包上一层壳，才可能避免受伤。若要爱上一个这样的人需要自己有更多的力量，但他，却远没有这样的能量。

所以他们之间的频繁吵架也在说明问题，她承受不了自己的情绪就需要倒出来有人承接，这里既有焦虑更有期待。但他同样无法承受住这些，又需要推回去，于是两个人就形成了剧烈冲突。而当这些冲突没办法被消化，就会有人被迫站出来背黑锅，这个人就是他们的女儿小文。

在父母与孩子的关系中，孩子常常会成为一个背锅侠。用“侠”来形容并不违和，因为当父母无力承担一些东西时，孩子就会无意识地出来救场，成为那个担起来的人。比如有的家庭中父母的关系非常糟糕，已经没办法走下去，此时孩子的身体就突然出现状况，于是焦点就被最大限度地转移了，因为父母在齐心协力照顾孩子的过程里，就会忽略彼此之间的问题。

小文虽然是被动的，但她也能感受到父母的频繁吵架所带来的危机。而她的每一次离家，似乎都在一定程度上能够缓解父母的焦虑，于是她也逼迫自己学会忍受和适应，以避免更糟糕的结果。

可惜的是，最终他们还是无力维系。母亲放弃了女儿，就如同当年她也被放弃掉。父亲虽然承接了女儿，但他没有真正地担当起养育者的责任。而更让人感到无奈的是：他们并不知道在这个过程里，女儿都承受了什么。

俄狄浦斯期的固着[①]

人们对于精神分析的印象，常常是“一定会追溯你的过去”。于是很多人不以为然，认为过去已成往事，谈那些的意义何在？但实际上，谈过去就是在谈当下的一部分，而且可以说是被称为根源的重要部分，因为只有清晰内心中曾经被放置了什么，才会明了如今的局面源于何处。

小文的困扰是她爱上了一个不该爱的人，进入了一个不应该进入的家庭，在这样的局面里进退两难。向前走一步就坐实了第三者身份，破坏了一个完整的家。但向后退一步她又觉得自己失去了一切，无法接受这样的

① 根据弗洛伊德的理论，如果在性心理发展的某个阶段得到过分的满足或者受到挫折会导致固着，固着将导致无法正常地进入性心理发展的下一个阶段。固着在心理学上，是指一种对刺激的保持程度，或不断重复的一种心理模式和思维特征。

结果。如果从世俗的角度看，似乎这就是一段被错付的情感。但若从对她的过往经历来解释，也许我们可以有更深的理解。

小文的愿望，就是“完整”两个字。

完整的家、完整的父母、不再破碎而是完整地对待她的方式。而孙老师和他的妻子在这样的愿望里，缺一不可。孙老师更像她理想中的父亲：博学多才、风雅有趣，这与那个现实中让她感到失望的父亲形成了鲜明对比。而孙老师的妻子，也是一个能让她感到温暖的母亲形象：热情、温和、关爱。如果说自己的母亲是一个情绪化，甚至有些冷酷无情的人，让她感受到的是一个“坏妈妈”，那么师母就是她一直期望中的“好妈妈”。只有这样的父母，才可能好好地爱自己。也只有这样的爱，才会是稳定的。所以她不能放手，放手就意味着自己的幻想再次破灭。

而她的愿望中还隐藏着另一部分：如何解决愧疚。从表面上看这似乎是道德感使然，但无意识里其实是她与母亲之间的竞争。

按照精神分析理论，孩子的心理发展在3～6岁间进入了俄狄浦斯期。简单来解释就是孩子会对异性父母有倾向性，并渴望取代同性父母成为异性父母的唯一。这样的愿望与幻想其实是能够理解的，因为在孩子狭窄的视角里，他只能看到父母，最早的性别感受也就会指向父母。如果父母能够理解孩子自然的发展过程，并且夫妻关系和谐、稳定、彼此深爱，那么孩子就会慢慢退回到他的位置，而且在未来的亲密关系里能够站得住他应有的角色。但若是父母无法理解，且会因此被激起自己曾经没有被解决好的内心冲突，就可能让孩子的成长过程遭到破坏。

比如在母子之间，母亲也许会无意识地顺应儿子的愿望，远离丈夫，让母子之间的亲密远超于夫妻。那么儿子似乎就真的取代了父亲，成为了那个唯一“占有”（精神层面而不是身体）母亲的人。母亲这样做可能出于自己的依赖需要（当丈夫不够满足这样的需要），也可能是在她的成长中有过类似的经历，但没有得到顺利过渡。然而这样的倾向就会导致许多问题。一方面既让孩子对父亲有着深深的愧疚，也无法实现对父亲的认同；另一方面他对母亲的情感同样是冲突的，这种既依赖又愤怒的矛盾情绪，会让他也无法和自己未来的另一半建立好的关系。

而调换一个角度，母女之间就可能会面临竞争问题。小文的母亲就是这样，当年她妈妈的离开就让她产生了复杂的情感，似乎“竞争成功”的她对自己的妈妈也有着深深的愧疚，于是一方面她尤为敏感，会主动捕捉这样的信息；另一方面也最终无意识地认同了自己的妈妈将小文留给丈夫，自己离开了。但当她也没有这个能力去处理好这个过程，就意味着她把这个难题继续“传”给了小文。

所以小文紧紧抓着孙老师的同时，其实更在乎的人是师母。似乎只有得到她的允许，自己才能真正放宽心。这样的心境虽然隔着时空被放在了孙老师夫妻的身上，但我们完全可以感受到她留在内心深处那份其实是对父母的强烈情感：妈妈，你是否允许我爱着爸爸，也爱着你，我们能是一个完整的家吗？

幻想不是禁忌

自我们还是一个婴儿起，就有许多幻想。这些幻想非常丰富多彩、瑰丽迷人，里面既有我们的期待、梦想，也有各种情感与情绪，它支撑了我们的内心世界，也可以说本身就是我们丰富内在的体现。

精神分析的重点其实就是在谈幻想，而非谈现实。因为现实层面由意识而来，建造的是一个被层层防御后的世界。只有拨开重重迷雾，我们才能看到一个更为真实的自我。而幻想虽然也在我们的意识层面，却更如同白天的梦境一般，与潜意识有着密不可分的关联。梦境常常是模糊与晦涩的，就好像带着密码的锁，需要你不断尝试和探索才可能解读出来。但幻想相比之下就更加直接坦诚，且会实现自我满足。

但幻想，有时也不由我们来支配和控制，尤其在某些难以接受的层面，比如乱伦禁忌（俄狄浦斯情结就建立在它的基础之上）。虽然我们理解为孩子有着亲近异性父母的愿望，这种愿望可以强烈到想要独占他（她）而完全排斥同性父母，但这同样会引发许多父母的不适。到现在我们也常常听到男孩对妈妈说我想要跟你结婚，或者女孩就是爸爸上辈子的情人之类的说法，尽管人们大多将这些视为孩子的幼稚言语一笑了之，但这样的感觉的确在某种程度上会引发“越界”的恐惧。那么，是要当成禁忌一样制止，还是出于无法面对而回避？抑或是作为孩子成长中的自然阶段，正视和接纳？此时的父母如何理解和对待这件事，就对孩子的成长有非常重要的影响。

因为若是前者，就会制造出许多问题来。毕竟面对禁忌的态度只有两个，一是突破，二是避开。但这两个选择不过是一体两面，正因为无法承受时时想要突破的欲望，才会让自己躲得远远的，制止幻想。可制止也并不是最好的办法，也许就会如同小文这样，以另一种形式试图在现实中实现被扭曲的愿望。

而幻想其实不是禁忌、不是现实，也没有侵犯什么，它只不过是一个未被完成的愿望而已。如果允许它自然流动，就会慢慢回到它应有的位置。但若被当成禁忌，就会变成无法流动的情感，而是一头需要被压制和隐藏的怪兽，最终伤人伤己。

小文的妈妈、姥姥也许都经历过这样的内心冲突，她们的离去也都背负着难以言说的心结。就如同小文也在慢慢梳理她的情感后意识到自己的心里隐藏了那么多没有被消化的东西：既有渴望、羞耻，更想要一个不被排斥、嫉恨和抛弃的完整的家。其实她的愿望是多么地简单，只要父母彼此相爱，同时又能深爱着她，愿意让她只以一个女儿的身份被在意和呵护，不去被迫越界，也不需要过度承担。只有得到这样的允许和接纳，自己才可能释然，也才可能回归到真正属于自己的位置。

小文最终还是决定从这段尴尬的关系中退出来，因为她明白了自己想要的是什么。现实不是幻想，幻想也不能成为现实。当一段错落的情感发生，它存在的基础也许不是爱，而只是一种迷失。迷失于欲望与幻想，迷失于给自己的补偿。尽管看似美妙，但终究无法落地，因为那就不是自己真正的归属。

有时失去并不是一个糟糕的结局，而意味着卸下重负。卸下外在的负担，也卸下内心的沉重，她的人生将重新开始。

请不要再把我当作你的唯一

仿若地下情的婚姻

每一对刚刚走入婚姻的恋人们，都处在最幸福美好的阶段。因为浓烈的情感再加上安全感与稳定，这将是人们可以最安心享受的时光。所以有个词叫作蜜月，就是来形容这一阶段恋人们的心境，那是如同蜜糖一般极致的甜蜜与满足。

但此时正处在蜜月期的阿亮，内心却异常烦躁。

因为他和妻子虽然已经结了婚，可以名正言顺地在一起。但他们之间的见面还需要偷偷进行，就好像一对在敌战营的地下党夫妻，要算着时间、地点，甚至找好借口才能相聚，这让他特别郁闷。

导致如此的原因说起来有些难以启齿，因为现在他还和自己的母亲住在一起，而家里的空间太小，新买的房子又没有来得及装修，母亲就建议他们先各住各家，等房子装好了再说。母亲的说法听起来也有道理，于是他们也都勉强同意了。但问题在于，阿亮每每出去和妻子约会，母亲虽然不说什么表情却非常难看。这让他有一种无形的压力，就慢慢地从坦然的实话实说到需要找很多借口偷着见面，似乎如此才能避免家里紧张的氛围。

妻子也很不舒服，对此抱怨过许多次，总说结婚还像出轨的也许只有他们这一对。她建议两个人不如先租房，至少能在一起，等房子装修好了再搬家。阿亮觉得建议不错，于是就回去对母亲说了。但母亲当天就出现了严重的身体反应，她上吐下泻折腾了一整天，阿亮也就没敢再提。

两个人就这样极为别扭地度过了蜜月期。妻子几乎整个月都在跟阿亮生气，阿亮虽然能理解妻子的委屈和苦楚，但他也憋了一肚子的火不知道向谁说。在家里他得装着一切都没事的样子，在妻子面前又需要不断地安抚，这让他的心情也非常糟。而当他忍不住和朋友们诉苦，他们却根本没有体谅他的感受和处境。有的人嘲笑他，说怎么像个妈宝男似的，这么大了还要听妈妈的话。还有的人为他担心，说现在的婆媳关系就这么难处理了，以后不是更糟。劝他以后千万别和母亲住在一起，不然就会有无尽的麻烦。阿亮强忍着听到后面，但“麻烦”两个字一下子就把所有的愤怒都激了起来。冲动之下他和朋友动了手，两个人扭打在一起，最后都受了伤。

其实阿亮清楚朋友们没有诋毁他母亲的意思，而且他们也在为他着想。但他的确被他们的某些话语触动到了，比如妈宝，比如千万不要和母亲住在一起。这些话就好像一根根毫不留情的刺，拨开了他一直用来遮挡的脆弱屏障，直中内心。

对母亲的矛盾情感

阿亮是在单亲家庭长大的。父亲在他三岁时因为意外车祸去世，母亲没有再嫁而是守着他一起生活。一个女人带着孩子的日子终归是艰难的，而母亲的个性原本又不是特别坚强。父亲在世时她什么都依赖习惯了，一旦离开，就好像整个天都塌下来，让她崩溃。

有一句话叫作为母则刚，意思是一旦女人成为了母亲，就会因为孩子而变得强大。但这句话如此轻描淡写，怎么也无法表达出这个过程是要经过多少的磨砺与痛楚。阿亮就是眼睁睁看着母亲一点点熬过来的，她到底也没有寻求别人的帮助，而是选择依靠自己将她与孩子的生活硬撑了下去。为了给孩子攒学费，她曾经同时做三份工，而因为没有过硬的学历和技能，她也只能靠出卖体力。记得在某一段时间里，阿亮只能半夜听到母亲回来开门的声音，而一整天都看不到她。但是幼小的他也不会跟母亲抱怨，只是在听到那个声音后才会安心入睡。

因为彼此依靠着生活，母亲就是他无可取代的那个人。而在母亲心里，他则更是自己的唯一。在母亲还年轻的岁月，她曾经有几次选择的余地，但这些选择都因为一些顾虑而没能最终改变什么。比如一个喜欢母亲的男人总是希望她没有这个儿子的拖累，只有她和自己生活并且有一个属于他们的孩子，才会觉得踏实。母亲知道了他的心思后就果断放弃了。还有一个很富有的人愿意接纳孩子，但他对孩子并不亲近的态度也让母亲拒绝了。在母亲的心里，儿子是绝对不能被忽视的。

贫穷的日子虽然很难但也总有欢乐，至少对于彼此依靠的人们来说，深厚的情感就已足够。而且随着阿亮逐渐长大，进入社会赚钱养家，他们的家境也开始好起来。一切似乎都朝着更好的方向在发展。但另一个问题也开始慢慢浮出水面，那就是阿亮的恋情。

如果说早恋总是父母对孩子最在意的事情之一，这永远都不为过，但阿亮的母亲明显更为严苛。初三时阿亮喜欢上了自己的同桌，那是和他的学习成绩不相上下的一个可爱女孩。他们彼此都有好感，学习上也互相帮助，一段美好的情感正在慢慢萌芽。但自从母亲知道后，她就毫不犹豫地去找了班主任和那个女孩的家长，非常强硬地要求让女孩调离班级，遭到拒绝后，还言辞激烈、情绪激动，当场就昏了过去。班主任和女孩的家长都被吓到了，急忙送他的母亲到医院。尽管她的身体没有大碍，但这件事却轰动一时，尽人皆知。

女孩最终调换了学校，阿亮的内心也备受创伤，他头一次对自己的母亲有了无法言说的情绪。而关于谈恋爱，阿亮自此就完全回避了，直到去年眼看快三十岁了，母亲又催着他去相亲，才勉强决定去见一见。

相亲的路也并不好走，但让阿亮感到别扭的还不是见陌生人，而是自己的母亲。因为每次相亲她都要求儿子带上她，据说这样方便她替阿亮挑选和鉴别。虽然看起来这是一种重视程度，但在阿亮的眼里，自己就好像现在流行的贬义称呼——妈宝男，不仅没长大还需要妈妈陪，每每见到的相亲对象也都因为这一点对他充满嘲讽。而有几个对阿亮印象不错想要继续相处的，也都在母亲这里过不了关。她不是觉得这个不好看，就是觉得那个不上进，总之没有一个入她眼的。

直到今年，阿亮偶然认识了小美，也就是如今的妻子。他们一见钟情，互相喜欢。尽管母亲依旧不满意，但阿亮这一次执着地听从了自己的内心，最终把小美娶回了家。但结果，还是搞成了现在的局面，阿亮总是觉得哪里不对劲，但又说不出，就如同当年自己压抑难言的情绪一样，一股无名火压在胸口，憋闷难舒。

过度融合的母子

当家庭中的三元关系回到了二元关系，很多事情都会因此发生变化。因为母亲与孩子天然就有过融合的阶段，所以能够将此分开的人，就是父亲。婴儿在成长中，会从“这个世界是围着我转的”“母亲只是我的一部分”到慢慢感受到母亲的存在——“她是她自己”。而接下来父亲的介入，还会让他的感受再次变得复杂——原来母亲和这个人更加亲密。随着继续成长，孩子对于性的意识萌发，他就开始有争夺异性父母的愿望。如果父母此时非常坚定，并且对孩子的爱毫不动摇，孩子就会自然地回到他的位置，而且意识到若想得到异性父母，就需要像同性父母那样，由此完成成长中重要的一步——性别认同。

好的三元关系就如同一个三角形，会非常稳固地支撑起一个家。不够好的三元关系就会容易倾斜，导致系统出现偏差。而二元关系的家庭因为缺失，就更容易出现问题，尤其是当养育者本身很难把握好彼此之间的界限时，融合就可能再次发生。

阿亮的母亲在痛失丈夫之后，就带着孩子独自撑起了这个家。原本她对丈夫有着非常强烈的依赖，就好像他既是自己的另一半，同时也给予了自己女儿般的宠爱。但天灾人祸总是令人难以预测，丈夫的离开将她逼迫到了一种极为痛苦和艰难的境地。如果她依旧像一个孩子，似乎就无法生活下去，更加不能照顾另一个孩子。但若让她重新选择一个能够依赖的人继续下去，那也常常只是一种奢望。就如同那些期望她还像一个单身女子嫁过去的人，这本身就没有真的接纳现实中的她。

最痛苦的事常常是没得选，但最简单的事常常也是没得选。因为当你没有选择，至少会放弃自我纠结。阿亮的母亲就是这样，她开始接受自己需要变得有力量，才能撑起这个家的事实，于是哪怕打三份工，让自己半夜才回到家，疲累之余却也踏实。尤其是当她看到孩子的笑脸，每天都盼着她回来的眼神和懂事体贴的样子，她就觉得这一切都值得了。虽然自己失去了丈夫，但身边依然有最爱的人，一个能陪伴自己的孩子也会让内心感到满满的，填补了那个缺口。而随着儿子慢慢长大，越来越像父亲的他也偶尔让她有些恍惚，仿佛生活还是和从前一样，他正在守着自己、陪着自己，甚至依旧体贴关心着自己。每当这时，她的内心都有一个声音对自己说：如果能一直这样下去就好了。

两个人的融合，就意味着消融了彼此的界限，合为一体。在关系中不分彼此，没有距离和秘密。但每个人其实都需要自己的空间，来证明自我的存在。孩子虽然在婴儿期需要和母亲紧密联结来保证生存，但随着年龄的增长，他就必然有发展自我的需要。而这些正是从他会拥有越来越多的秘密，以及与父母之间的距离来体现的。尤其对于异性父母，孩子更会有一种主动的相隔，来隐藏自己某些难以言说的情感。

阿亮在这部分，其实很早就感到了不舒服。

因为作为一个男孩，他十二岁左右就察觉到自己身体上的变化，虽然并不了解发生了什么，但他已经觉得这是自己的一个秘密，哪怕是对母亲也不能说。所以他开始拒绝和母亲住在一起，希望能有一个属于自己的床和房间。但这样的要求似乎极大地触动到了母亲，让她很诧异，也很伤心。她虽然答应了，但好几天都提不起精神来，郁郁寡欢。脸上失落的表情被阿亮看在眼里，让他有一种说不出的内疚。于是，最终他还是主动把床搬了回去，和母亲继续住在一起。

你是我的谁

在精神分析理论中，心理发展阶段有一个关键时期：俄狄浦斯期。而这本是源于希腊的神话故事：王子俄狄浦斯在无意间杀死了自己的父亲，迎娶了母亲，最终导致了悲剧的结局。后来精神分析创始人弗洛伊德就以此来比喻这一时期孩子与父母之间错综复杂的情感。

虽然孩子对于异性父母是有占有欲的，但无法顺利度过这一时期的原因之一，就是父母在无意识中的配合与满足。比如母亲选择更疼爱儿子而忽略丈夫，父亲更亲近女儿而忽视妻子。当然这样的配合常常出于父母自身的需要，妻子可能难以从丈夫那里得到足够的关注和在意，丈夫也可能对妻子不够满意。但无论怎样，当一个人无法从伴侣那里得到满足，这份情感上的需要就可能自然地转向孩子，而孩子天然就有平衡家庭的动力，再加上他们在这一时期的成长需要，于是双方在某种程度上就会形成一种无意识的同盟。

说是同盟，也可以用合谋来形容，因为这样来理解行为背后的动力会更贴切。合谋意味着彼此都有自己的需求和愿望，于是一拍即合。但在孩子与父母之间的关系里，我们还需要看到一个更重要的部分：孩子有自己的成长轨迹，他只是需要父母来帮助他度过关键期，却不是要满足父母的。之所以会满足父母，是因为相比强大的父母，孩子始终处在弱势、依赖的位置，他仰望着父母，也需要来自父母的爱。所以父母如果无法理解和尊重孩子，就可能无意识地利用孩子对自己的需求来满足自己，并且与对孩子的爱混淆。

阿亮的母亲就是这样。

她深爱着自己的孩子，这一点从很多地方都有淋漓尽致的展现。因为孩子她变得刚强起来，从一个弱小的女子成为了能独自撑起这个家的人。也因为孩子她放弃了再婚，当她得知对方无法从内心接纳孩子，她就不会将孩子处在可预知的糟糕处境里。更别提这么多年她辛辛苦苦地操持着这个家，把孩子带大的艰难。这一切都充分说明了她对孩子的爱，永远是放在第一位的。

但她忽视和隐藏了自己对爱的需求。

因为当一个女人被迫挑起重担，她就需要让自己增加能够撑起来的力量。而这样的力量如果被给予一个足够的时间长度，她也不需要立刻打破自我原有的心理架构，而是允许自己慢慢成长。但若是现实并不允许，她就只能迅速装起盔甲、迎头直上，而被迫藏起自己的脆弱、恐惧和没有成长好足够面对这个世界的准备。而爱，常常就可能暴露这样的脆弱。于是哪怕她遇到了让自己心仪的人，也不敢轻易放下防备，似乎一旦卸下防备，内心对于爱的需求就会连绵不绝，无法控制。

可是隐藏不等于消失，还只会带来被压抑的释放。阿亮母亲的情感，就一股脑儿地放在了阿亮的身上。这里面既有对孩子的，也有对丈夫的，更有一种强烈的恐惧让她想去紧紧抓住孩子，似乎一旦松手就一切都消失了。而这些情感是如此地复杂、强烈，让她一时无法分辨也不愿面对。

比如当阿亮第一次提出要分床住，那对她就是一个不小的打击。她不是不清楚孩子已经有了自己的成长秘密，感受到一个男孩跨越到男人的信号，但这种成长让她感到比出去打三份工还强烈的抗拒，因为成长就意味着离开，意味着她终有一日会被抛弃。这种感觉在丈夫突然离开那一刻经历过，那种瞬间被夺走一切的恐惧，她这辈子都不想再经历了。

而当阿亮有了初恋，这种感受再次重现。也许对别的父母而言，早恋只是一个需要在意的事件，对她却是一个巨大的冲击。那种痛苦、愤怒、被抛弃的无力与无助，一切情绪都涌了上来将她淹没，而当她无法承受，就会用激烈的方式表达出来，最终将阿亮也同样置身于类似的痛苦里。

在一段过度融合的关系中，常常有着控制与挣脱的冲突。一方想控制是为了自我的安全感，另一方想挣脱也是为了给予自我空间。当双方都想争夺更多的自我范围，就必然发生冲突，但冲突本身亦是一种突破，它会带来一定程度上的反思与自控。

阿亮在早恋事件后，就主动搬离了母亲的房间。而母亲意识到自己的失控给阿亮带来的伤害，就默默地允许了他的搬离，并且在很长一段时间内不再过度参与阿亮的事情，包括从前阿亮的贴身内衣也逐渐交回到他自己去打理。仿佛她开始清晰自己和孩子之间的界限了。

如果生活就这样继续，也许一切都会回归正常。但真实的情况是，当人的需求没有变化，情感又没有新的载体，那么转变的就只不过是一种形式而已。

比如对阿亮相亲的陪伴。看起来是母亲帮助孩子把关，挑选更适合他的那个人。但现实中这却是一种隐隐的破坏，因为没有人愿意看到一个男人还需要母亲来陪着自己相亲，妈宝就是对这种现状的蔑称，意义是你不过就是一个孩子而不是成熟的能够为自己负责的人。另外就算有人对阿亮有感觉，也会因为母亲的不满而造成阻碍，所以相亲很难有实质上的进展。而从潜意识的角度去理解，这种行为还有更深的含义，意味着当母亲处在被动、无法掌控孩子的局面时，她就只能化被动为主动，扩大掌控范围。当孩子找一个怎样的伴侣都需要她来把控，这依然说明“你是属于我的，你的情感和关系都需要我来做主”。

而即便阿亮硬撑着让自己选择了结婚对象，母亲也依旧通过不算合理的借口，努力将局面维持在从前只有“母与子”的家庭架构上。我们甚至可以想象，就算阿亮最终搬离了这个家，母亲可能也不会放弃，因为这对她而言一定无比困难。

“你是我的谁——”这是一个关于位置和角色的疑问。也许在母亲的心里，她从未思考过这个问题。或者就算思考过，她也未必愿意清晰彼此之间的关系。因为当关系越明晰，就越会让她意识到，自己并不是孩子的所有者，孩子也不是自己的爱人，他有他的生活，但那个生活与己无关，那终究属于他自己。

缺失的父亲

在阿亮与母亲的复杂关系里，其实是存在一个缺口的，那就是提早离去的父亲。他以突然的方式离开，甚至都没来得及和家人好好告别，唯一留给他们的，就是纠缠复杂的情感。

母亲对他，其实又爱又恨。

当刚刚知道他不在了，她整个人都蒙掉了，不是要不要接受事实的问题，而是从未想过会失去他。因为当一个人能把自己放在手心里一般地疼爱，他对自己来说会有多么重要！而这个人若走了，自己的存在还有什么意义？所以那段时间里她都没有哭过，因为她完全拒绝接受这个事实，她甚至想象着他只是有事远行了，迟早都会回来的。

当至爱的人离去，几乎没有人能接受现实。就算有的人看起来并不悲伤，能迅速调节好自己的情绪，但这只是一种更大的防御，就好比给自己造了一个厚厚的壳，唯有如此才能避免那种极致的痛。

阿亮母亲就是如此。她的否认是一层盔甲，既能让自己免于毁灭性的打击，同时仍对生活存有控制感（好像生活并没有太大变化），而这样的心境陪伴了她许久，也支撑了她最初出去打工的艰辛时光。直到她慢慢看着阿亮长起来，生活也没有如同想象般地塌掉，她才一点点走出心境的劫难。

而当她真真切切地承认他的离去，那种又爱又恨的激烈情感才如同泄洪般涌出，让她痛彻心扉。虽然说不清是依赖还是深爱，但这两者又有什么区别呢？那都是对他无比深刻的情感，也是她曾经最珍贵的东西。

但正因为爱，却也深深地恨着，恨他为何毫无预兆地离开，抛下她和孩子留在这个世界上。“你为什么要这样对我”，是她在那段时光里最常浮现于心的质问。

而阿亮对父亲的感觉，则更为复杂。

虽然父亲走的时候他才三岁，但相比温柔抱持的母亲，他已经能够感受到父亲的不同。那是一个更有力量的人，能够成为他探索这个世界的依靠。无论是新奇还是陌生的东西或环境，父亲都鼓励他去尝试，在他的感觉里，只要有父亲在，他就什么都不怕。尽管他还小，对父亲却已经形成了深深的依赖、信任和依靠，这种情感不同于对母亲，但同样重要。所以父亲的离去，对他亦是一种巨大的冲击。

而另外，其实孩子并不知道究竟发生了什么。因为从心理发展过程来看，两三岁的孩子还无法意识到死亡的意义和原因，他只是单纯地从好与坏两个绝对的层面来理解人与事，无法识别复杂的信息，所以父亲的突然离去，就可能让孩子感到是自己的过错导致的，于是在他幼小的心里，便早早地种下了内疚的种子。

如果一种情感是能够被察觉到且言说的，它就不会成为一个被压抑的心结，而会被允许释放和自然地流动过去。但因为母亲无法面对父亲的离去带来的痛苦，选择了避而不见，于是这份凝重的情感就被搁置了，也因此，阿亮对母亲背负了沉重的担子：父亲的离去都是我的错，你这么痛苦也都是我的错。

由此我们可以意识到，在阿亮和母亲之间，其实一直存在着父亲的阴影。尽管他早已离去，对他的情感却深深地压抑和隐藏了下去。它们不仅不见天日，还在幽深的岁月变形、发酵，最终以更加难言的方式呈现了出来。比如母亲因为失去了父亲，就让自己的爱与恐惧全部转移到了阿亮身上，那种强烈的控制背后恰恰意味的就是无比的失控感。而阿亮因为内疚，也让自己被迫担起母亲的过度需求，虽然他在挣扎着，但这种力量显得那么无力，只要母亲反应剧烈，他就只能缴械投降。

其实，我更离不开你

在咨询室里，阿亮将自己的苦恼一股脑儿地倒出来，就好像压抑了这么久的情绪，终于有可能被释放。虽然他带来的是困惑、是急需解决的难题，但理性的期待背后，却是无处安放的焦虑与痛苦。

咨询师问阿亮：如果你离开，你会担心母亲发生什么？

阿亮毫不犹豫地回答：也许她很难好好活下去。

咨询师说：她离开你，就无法活下去，那就意味着你是她的空气或者水？

阿亮迟疑了一下：那还不至于。但对她这不是又一次的抛弃吗？

咨询师问：在现实中，你会抛弃她吗？

阿亮回答：当然不会。就算我搬出去住，她还是我重要的人，我永远不会抛弃她。

咨询师没再说话，而是看着阿亮。

阿亮停顿了半晌然后恍然大悟：你是说，她的担心并不是真实的。

阿亮的母亲，其实一直都在想象的恐惧里活着。当年丈夫的突然离去，让她的感受瞬间坠入冰点，而正因为失去太过痛苦，意外又让她没有缓冲的空间，于是当时那种浓烈的、扑面而来的可怕自此在心里留下了难以磨灭的恐惧。她最害怕的就是被抛弃，所以在唯一的亲人阿亮身上，她拼尽全力也要抓住他，不能也不敢放手。她害怕一旦放手，阿亮就好像当年的丈夫一样，再也消失不见。于是她的努力看起来都是极端的，程度也是匪夷所思的，她正在用如此真实又强烈的反应来告诉这个世界她曾经经历什么。

但这些想象，是真实的吗？其实不是。阿亮不会抛弃她，就如同她也不会抛弃阿亮一样。他们的情感深厚紧密，在丈夫（父亲）离开的那一刻，他们的命运就被紧紧连在一起，没有什么能分开。即便阿亮结了婚、搬出去过自己的人生，但这份情感与依赖，却与时间和空间无关，它是不会变的。

但当我们听到了阿亮对咨询师的回答，却也能察觉到另一种隐秘的信息，其实阿亮也认同了母亲的恐惧与焦虑，他在用“她离开我就会活不下去”的设想，来继续维持煎熬和受折磨的困境，也就是说，他也同样离不开母亲。

我们在一些相互纠缠又极度痛苦的关系里，总能发现一种奇怪的现象：一方觉得无法失去另一方，甚至会以死相要挟，而另一方非常痛苦同时又极为惧怕，担心真的会发生自己无法承担的可怕后果。于是两个人就痛苦地生活在一起，相爱相杀。但若深入去感受和探索他们之间的情感，却会得出相反的结论：看起来被动又痛苦的一方，其实同样是无法离开另一方的。但他无法消化自己的负面情感，就会将这些难解的情绪投射到对方那里，让对方紧紧地抓住自己，就好像织出一张网来将自己困住，但自己，其实才是更需要那张网的人。

说起来，阿亮的恐惧的确比母亲还要多。

作为一个孩子，他在缺失的家庭中长大。那种突如其来的丧失、被抛弃，对孩子的影响会比成年人来得更剧烈。母亲尚且能够通过一些防御方式来处理丧失，比如回避、否认、转移，以此来保护自己。但是对于孩子，他们常常不知所措，而且会将糟糕的状态归咎于自身。一方面在无形中造成了创伤，另一方面当母亲都难以自保，自然也就无法帮助他处理好这部分。于是，他必然会承受着更多的惧怕。

而令人难过的是，即便他只是一个孩子，却会在看到母亲的恐惧后压抑自己的情绪，小小的他当初就已经看到了母亲的脆弱，于是他只能选择隐藏自己的情感，用他如今对咨询师的话说：这个家不能都倒下。

如何从融合走向分离

从一段融合的关系走向分离，无论何时何地都是个难题。因为融合意味着两个人已经“合为一体”，简单的理解就是“两个人变成了一个人”，那么原本各自需要去发展的能力，就在这样的合体中被阻滞了，于是独立也会变得异常困难。

比如阿亮，虽然他在努力挣脱母亲的束缚，但他早已习惯了自己的很多事都由母亲一手包办，到现在为止，其实他的生活自理能力还是很差，就好像在母亲的庇护下，他放弃了长大的机会，依旧是那个什么都不会的孩子，需要她来照顾自己。所以母亲就好似他的手和脚，替代他做了很多事。这样的事实其实令人感到尴尬，因为一边他恨不得立刻就挣脱出来，为自己的生活做主，另一边却对依赖上了瘾，甚至根本没发展出这部分的能力来，因此对独立充满畏惧。所以挣脱的反面力量同样强大，除了内疚还有自己的缺失所带来的现实困境。

而阿亮的母亲，同样在这样的照顾中寄托着自己的全部。她的存在、价值、情感，都在这样的“被需要”里得到满足。因为她也没有对外发展出自己的其他功能，这就是她唯一的来源，所以若就此失去，也许立刻就会崩溃。而我们在现实中也常常看到这样的状况：当一个人没有支撑点，他的身体就会出现各种各样的问题，甚至可以糟糕到病危的程度。这就是在以身体来表达自己内心的处境。

这也是融合难以走向分离的原因。一个在现实中需要对方，一个在情感上没有对方就不行，于是双方就很容易互相纠缠、无法自拔。许多人最后无奈地选择继续被捆绑，也是基于恐惧与适应，适应是可以重新调整的，但恐惧的分量占得越重，就越难走出来。比如阿亮哪怕结了婚，也选择和妻子分离，连见面都需要时刻报备，我们就可以想象他的设想里，母亲对于“失去他”是有多么困难，困难到濒临危机的层面，自然他也就不敢轻易为自己做主。

那么，面对这样的困境，我们还有办法吗？其实是有的。

1. 如何面对恐惧

从融合到分离的过程，其实很像一个人从婴幼儿到走向成人的成长。这里面既有孩子般的恐惧，也有对这个世界新奇的探索欲。两者之间的冲突会贯穿始终，也在这样的冲突中得以成长。也就是说，我们很难不带着恐惧去探索。哪怕有的人“探险”的欲望远远超于恐惧，但是“后怕”这个现象还是说明了作为人这样一个既有优势也有软肋的生物，恐惧是自然存在的，而它本身就是自我保护的一种方式。

所以恐惧是要给它一个位置的，同时也要清晰又现实地看待它，而并非让它在想象中蔓延。若是任由它在想象中夸大、变形，我们就无法真实地面对生活。

比如阿亮和他母亲的关系。他在咨询中慢慢看到了自己和母亲的纠缠始于何处，于是在咨询师的鼓励下，他开始试图和她谈论这些事件背后的情感。这是她没想到的，因为习惯性的压抑和隔离，让她早已远离真相，而是选择紧紧地抓住恐惧不放手。但恐惧这个东西，往往在说出来的那一刻就没那么恐惧了。当它不在想象里作祟，自己的控制感也就能恢复很多。

其实每个人都有一种愿望：期待自己的感受能够被看到，这就如同真实的自己被看到一样，无论它是好是坏，是能够接受还是难以接受，但只要被看见，自己在这一刻都有真正存在的感觉，这是非常珍贵的。于是阿亮的母亲并没有过于拒绝，而是在稍许犹豫之后与他说了许多真心话。这对他们是难得的时刻，就好像彼此在一起这么久，却并没有推心置腹地说些真实的东西，母亲的焦虑也因此暂时被缓解，她承认想过阿亮婚姻后自己的去处，只是一时她还无法从这样的角色中调换出来，或者说她还需要时间和多些与外界接触的机会。

2. 谁困扰，谁改变

心理咨询中有这样一句话：谁困扰，谁改变。也就是说如果一个人没有改变的动力，那么谁都无法强迫他。作为心理咨询师，我们常常会面对这样一种局面：就算看到很多人深陷泥潭，在当事人没有做出求助的行为时，不能主动做些什么。毕竟生活都是自己的，每个人对自己所处的境地都有话语权，只有他来寻求帮助，才意味着他需要帮助，并且这才是他能够走出来的巨大动力。

在阿亮和母亲的关系里，阿亮就是主动寻求帮助的一方。他更渴望走出来，改变这样一种捆绑的关系。他能依靠自己找到心爱的人、结婚，这样的举动本身就是在试图打破原有的融合格局，为分离做着准备。所以他有非常大的决心来面对可能的难题。比如他准备好，但母亲可能还没准备好。他就想到许多帮助母亲分离的办法。例如寻找母亲能够接受的圈子，重新捡起母亲曾经的爱好，帮助她发展个人的空间，等等。最重要的，这不是推卸和远离，而是会在这个过程中陪着她，尊重她的感受，与她一起实现真正的成长。

我们常说要爱自己的家人。但这种爱究竟体现在哪里呢？是要替对方承担一切，还是将自己的需要推到对方身上期待完全的满足？其实这些都不是，它们只是偷换了爱的概念，真正的爱需要看到对方的感受，尝试理解和成为支持的一方。

3. 每个人都只需要对自己负责

无论和谁有着怎样亲密的关系，其实你只需要为自己负责。这句话听起来似乎有些无情，尤其在我们传统的“担负”的观念下，养育孩子、赡养老人，这都是我们必须要担起来的责任。但我在这里强调的“负责”，则是从另外一个层面上。

每个人其实都是一个独立的个体，从出生到慢慢成长起来，我们被期待的，并不是始终做一个孩子，而是终究要长大成人，做一个能够独立思考、尊重自己的感受与体验、决定自己往何处走以及为自己的生活做主的人。这样的独立被赋予了非常重要的意义，从个人的层面讲，它代表着一个人的成熟度；对社会来说，也意味着我们能够成为支撑社会的重要力量；而从心理层面来看，当我们成长到如此的阶段，才可以算是能够为自己负责了。

而这样说来，尽管很多人都貌似完成了每个年龄段被设定的任务，比如找工作、结婚、生子、赡养老人，但实际上在心理层面都可能并没达到可以负责的程度。于是我们看到了很多出现状况的例子：希望自己仍旧是个宝宝的妻子、顺从母亲的妈宝男，孩子被迫上位承担家庭的重担，从家里默默隐去的丈夫，还有父母都插手干涉的婚姻，等等。几乎每个在关系中缠绕不清的人，背后都有一个没能顺利成长的心理发展过程。

所以负责，就要从自己开始。

比如，你有独立思考的能力吗？能够为自己的人生做出就算后悔也能承受住的选择吗？能够在面对一些困难时看到并且控制好自己的情绪吗？有帮助自己解决问题的能力吗？甚至，能够 **hold** 住自己的焦虑、恐惧等负面情感吗？等等。这一切问题的答案如果都没有让你太过迟疑，那么，你就算走到了能够为自己负责的程度。但如果这些都不够或者相去很远，也许你的人生就还是处在需要别人来负责的阶段。

曾经有人问我，别人来负责自己不好吗？我回答他说：“关键是你的人生，终究还是要回到自己的身上。”就比如阿亮的母亲，就算她在阿亮的身上付出全部，她所经历的痛苦与恐惧终究还是要自己来扛。那不是她能避开的，更不是抓住阿亮就可以挡住一切。暂时的安抚像是麻醉药，无法治愈伤口。所以阿亮需要成长，阿亮的母亲也同样面对这个问题。这无关年龄、阅历，只和自己有关。而这个责任无须他人承担，也无法由他人代劳，陷于纠缠关系之中的人们，只有明白这一点，才会划出彼此的界限，各安其位。

从融合走向分离，确实不是一件容易的事。但若当事人看得清楚，想要为自己而活，就会有足够的解决问题的动力。尽管这需要一个过程，但相比成长与拥有力量，多努力也值得。

毕竟吸引我们的，是真正属于自己的人生。

第3章

直面冷漠的原生家庭关系

家，是有感情的地方。它既是我们的港湾，也是我们的期待。如若我们能在一个温暖的家里生活和成长，有深爱着自己的父母，那么，这就是比什么都幸福的事。

但有一种家，是没有温暖的。在这样的家庭里，似乎没有情感的流动，一切都是僵硬的、冰冷的。尽管父母都守在自己的位置上，但无法行使作为父母的功能。对于孩子来说，也许比缺失造成的影响更严重。

导致这样的原因常常有许多。比如父母之间的关系很糟糕，但他们迫于压力继续在一起。作为回避或者惩罚，他们就会以极其冷漠的方式共处。又比如两个人的婚姻本身就是一种被迫，就算没有分开，也会以带有距离的方式相处，彼此之间避免情感的交流。还有一种更常见的形式：两个人本身就没了感情，但因为孩子而选择继续，看起来仍旧是一个完整的家，但其实内里早已是空壳。

一个冷漠的家庭，对于孩子的伤害是极大的。因为人存在的基础就是情感，这是我们和其他生物之间最大的差别，如若去掉了情感，我们可以想象自己会是什么，行尸走肉？或是一台机器？总之抽掉了这部分，我们就很难找到自我的存在、价值与意义。

所以冷漠的家庭，常常会让孩子感到非常空虚。因为无法通过情感来定位自己、感受自己，就好像自己始终悬浮在空中，无法落地。他可能会终其一生去寻找让自己落地的方法，却因为没有得到过而无法相信自己可以做到。而对于未来的亲密关系，也会存在矛盾的心态，极度渴望和绝望并存，但后者更容易决定他的对待方式。

心理学家曾奇峰说过这样一句话：多么糟糕的关系，都胜过没有关系。这句话用来形容冷漠的家庭再合适不过。因为就算父母相处的方式很激烈，让孩子饱受折磨与痛苦，但即便这样，也会比父母好像不存在要来得更有价值。因为从父母对于孩子的意义来讲，不仅孩子活下去是需要父母的，孩子如何定位自我，也是从父母那里“镜映”的结果。简单的理解就是：孩子怎么看待自己、对待自己，希望自己是一个怎样的人，这些关键的自我意识都来自于和父母的相处。所以冷漠的父母，就很难帮助孩子实现这些。

冷漠的家庭，是一种有些奇特的模式。因为我们常常觉得当一个人在关系中并不舒服，他就一定会尝试改变这样的环境，要么改变对方，要么改变自己。但无论怎样做，目的是一致的，都是为了让自己能够冲破压抑与束缚，回到舒服自在的心境。冷漠的家庭却仿佛两个人在互相打着配合，共同完成了一个冰冷的毫无情感的家。尽管谁都不舒服，但他们也都执着地坚持这样的模式。也许是因为观念使然，也许是因为物质因素所迫，但从精神分析的角度看，他们别扭的维系，背后必然有难以言说的情感冲突。

而令人唏嘘的是，如此难直面的冲突，常常会被孩子接住。但他们因为无法消化而最终会通过另一种形式展现出来，比如身体上的长期慢性疾病，或者心理上的强迫症、抑郁症，抑或变成了一个特别难管教的问题孩子。这些表现，都在一定程度上说明着孩子遭受的创伤，另外，也像是一种无声的呼喊，渴求着父母的关注，由此来解决糟糕的关系。

冷漠，在关系中如同一种暴力，是极具杀伤力的。如果对最亲近的人长期冷漠对待，就无异于虐待。如果这样的对待放在孩子身上，我们更可以想象这对孩子会造成多么大的伤害。而这种伤害不仅仅在童年、在少年，更可能在未来被继续承接下去，成为这个人长大之后对待情感、对待自己、对待下一代的方式。

而这，才是最可怕的。

钱，无法填补心里的空虚

我是一个问题少年

在咨询的案例中，青少年来访者正在占据着越来越大的比重。从年龄上看，他们普遍处在青春期前后，正是心理发育的关键时期，而因为生理上的变化，让他们在心理上也开始有愈加独立的诉求，并且对父母从完全依赖到慢慢地走向游离，此时的他们与父母的关系经常是矛盾、激烈和反抗的，也就是我们常说的“叛逆期”。

但这一时期的孩子，对于父母的觉察也极为敏锐，他们会用此时的视角来看待父母，内心既抱有强烈的希望，却也更容易失望。尤其是对于父母的情感与情绪，他们会比较敏感地捕捉，然后用自己的方式传达出来。

杉杉就是一个这样的孩子。

虽然被父母送来咨询时，他就好像一个玩世不恭、颓废消极、对他人毫无尊重、极度以自我为中心的叛逆少年，但从他偶尔扫过父母的眼神，咨询师却感受到了父母的一举一动都在他的视线范围内，并且他的反应也都与父母的表现息息相关。

但能发现这部分，却是在咨询过了一个月之后。因为第一次陪他过来的，并不是他的父母，而是一直在照顾他的保姆。而杉杉就算来到了咨询室，也毫无主动积极的意愿，他坐在那里一声不吭，只是低头玩着游戏，到了时间后就离开，仿佛他只是来做做样子，于是这样进行了几次之后，他的父母才出面。

心理咨询是一个很特别的工作。原因在于就算来访者没有和咨询师有直接的对话，也能从他的行为举止、表现去观察一些细微的线索，从而探寻困扰来访者问题的真正缘由与背后的动力。所以从杉杉拒绝交流到他父母真正出场，这个过程中就隐隐带着一种执拗的力，等待的似乎就是他们的出现。

而杉杉的父母的确有些不同。

因为杉杉目前的状况很令人担忧，他已经一个月没有去上学，接下来也不打算去。每天他都泡在网吧里玩游戏，从早到晚。而且他最近的情绪也很激烈，动不动就发火，上个月还和社会上的一些闲散人员打过架，还是家里的司机找熟人将他提前保释出来的。而来咨询，也是保姆觉察到杉杉的心理异常烦躁，建议他的父母让他来看心理咨询师，才有了如今的接触。

从我们的经验来看，一般当孩子表现出这样的状况，父母都会非常焦虑和担忧，也会迫不及待地想办法来解决。但杉杉的父母完全不同，他们表现得很冷静，似乎也没有打算将太多精力放在这件事情上。在整个陪伴孩子的咨询过程里，他们分别接过三次电话、出去过两次。尽管咨询时间只有一小时，但他们好像已经迫不及待地要赶回去了。而真正谈到杉杉目前的问题，父亲显得很漠然，他认为孩子在这个年龄就是愿意折腾，等他都尝试过了自然也就回到学校里了。母亲倒是略有不满，但她的指向是丈夫，她认为孩子的父亲根本没有好好教育过孩子，所以就没有像其他的孩子一样乖巧懂事听话，做这个时候应该去做的事。父母互相指责了几句就离开了，他们还是将孩子交给了陪着来的保姆，让她以后跟着孩子一起来。但咨询师注意到，他们全程都没有关注过孩子和与孩子交流。

当杉杉回到了咨询室，咨询师就对他说了自己的观察，杉杉第一次抬起了头看着咨询师，他的眼里充满了泪水，哽咽地说："我就算是个有问题的人，他们也不会管我。"

一个毫无情感的家

杉杉出生在一个特别富裕的家庭里，他的家境相比同学可说是最好的。父母都在社会上有显赫的位置：父亲是一个上市公司的老板，母亲也有属于自己的公司，他们各自都在自己的领域里做得非常出色。而这样的两个人结合在一起，也就是我们常说的精英家庭，令人称羡。

杉杉因为这样的家境，一直过着如同少爷般的生活。他在家有三个保姆照顾着，精细地管理着日常生活的一切。出门在外也有司机送他上下学，从来没有让他单独一个人回来过，别说风吹雨淋，就是同学常坐的公交车，他到如今都没有尝试过。这样的生活，说起来都会被人羡慕。他的同学对他说过，老师也都高看他一眼，就连家里的亲戚朋友们也都不止一次地感慨："有这样的父母，你可真是幸福！"

可是在杉杉的心里，这样的生活并无意义。

因为尽管他是有父母的，但从小能看到父母的时间就少得可怜。他们在自己的印象里就一直在忙，忙得昏天黑地。就算是节假日，父母也没有兑现过对他的承诺：回来陪他一会儿。让他永远在期待里最终失望。而真正陪伴他的，似乎总是家里的保姆和司机，但对他们来说，这只是一份工作，不会长期稳定下来。于是在杉杉的生活中，其实没有一个情感的守护者。

如果说杉杉还小，这样的生活方式可能会让他被迫适应和习惯，但自从杉杉上学之后，他就发现别人家并不是这样的。父母是始终在一起的，也会尽可能地陪伴孩子。孩子的一点一滴都会牵动父母的心，他们对孩子的照顾与呵护，真的是杉杉从未经历过的。于是被同学羡慕的杉杉，其实更羡慕他们。作为一个孩子，他最渴望的就是能像其他人一样，有一个完整的家，父母都在，且都陪伴着自己。

我们也可以想象，一个孩子在这样的成长环境里会有怎样的心境。尽管杉杉吃穿不愁，就连玩具都堆满了几个房间。但没有情感的滋养，他的感觉会是怎样的呢？他会因为自己被充分的给予物质上的满足，而得到真正的满足吗？这样的生活，又会给他带来自信、快乐与幸福吗？很显然，这些答案都是否定的。因为人最重要的是精神上的需求，就算努力追求物质，我们也不得不承认，在这样的举动背后依然是为了填补精神上的缺口。若是所有的一切都仅仅停留在物质上，那么无论拥有多少也会是空虚的。

杉杉对咨询师这样说："我的家看起来什么都有，却也什么都没有。我每天在那个家里感觉自己活得毫无价值。我不知道他们到底爱不爱我，为什么好像我根本不存在一样。别人是有父母疼着的，可我没有。我到哪里都觉得自己特别自卑，特别怕别人看出来我就好像一个没有人要的孩子，我不愿意去上学也是因为这个。”

他们爱我吗

杉杉的怀疑不是没有依据的。

因为，不是天下所有的父母都爱孩子，或者即便有爱的动力，却也未必有爱的能力。从咨询案例到身边的人们，我们其实能发现很多这样的父母，人生大事他们按部就班地完成，结婚、生子都顺理成章。但这并不意味着他们就有足够的心理成熟度去维系一段稳定的亲密关系以及帮助自己的孩子健康成长。若是他们曾经作为孩子，在自己的心理发展阶段上受过挫、留有一些创伤，那么当他们养育下一代时，就很容易在孩子的发育过程里激活自己曾经的问题。

而杉杉的父母，看起来就着实令人生疑。

似乎他们两个人共同合作建立了一个家，但都拿出更多的时间和精力放在了工作上。而一个人的时间和空间留在哪儿，也就等同于他的情感与自我被放在那儿。所以这个家，其实是空的。他们就相当于把孩子放在了一个空置的房子里，尽管这个房子有满满的物质填充着，也有那么多服务的人照顾着，但最关键的角色与彼此需要流动的情感根本没有就位，那么那些填充，说穿了不过是装饰。

他们为什么要这样做呢？

这个问题也许只能由他的父母来回答。但从杉杉的经历与感受，其实我们可以尝试大胆来揣测。因为在精神分析中，我们常常会谈论一种“传递”。也就是说，一个人经历了什么，制造了这个经历，将他处在如此境地中的另外一个人，常常内心中也有过这样的经历与体验，然后就会无意识地在他身上实现复制。

比如杉杉的无意义感——看起来他的父母都是最有价值和意义的人，他们为社会创造价值，也以此来实现自我价值。这些都是得到社会及他人认可的。但我们需要注意的是，价值的反面就是没有价值，当一个人用最努力的方式赢得这部分，甚至不惜为此抛弃真正值得珍视的情感和人，那么是否意味着在他们的心里，存在着对于价值本身的矛盾心态？一种是“我要获得最大的价值”，另一种是“其实我是没有价值的，所以更要努力争取让自己变得有价值。而社会认可什么，我就去追求什么，这样才能掩盖住内心中那部分真实的无价值、无意义感。”

而这一点杉杉也通过行为完全承接下来，他让自己不再上学，放弃自己在这个年龄应该获得的价值和意义，同时让自己昏天黑地地泡在网吧里，似乎也是对“我应该以怎样的方式存在”的挑战与质疑。当他感受到自己也如同那个房子一样成为了一种装饰性的存在，自然他就要愤怒地打破它。

还比如杉杉的空虚感——这也是他非常强烈的一种感受，好似自己空空如也，什么都没有。拥有了那么多和一无所有，有时只是一线之隔，而这条线就是“什么才是最重要的”。如果物质是标准，那么杉杉就拥有了几乎一切。但如果情感是标准，他确实一无所有。而如此的境地也从一个侧面反映着他父母的内心。尽管他们创造了那么多财富，但也许真正值得的部分（比如对孩子的情感）还是没有被触碰到。或者一旦触碰就会带来令他们难以面对的恐惧，那么，也许他们就会选择“不放在心上”。

而关于这一点杉杉是听父亲提过的。

因为家人都要出去打工，父亲很小的时候就时常被一个人扔在家里。而他的家在山上村子里最偏远的地方，就算去邻居家都要走很久。所以他总是自己一个人在那个黑黑的家里挨饿。有一次饿得受不了，就跑到外面找吃的，还因此掉进了河里。若不是邻居当天刚好在附近，也许父亲这个人从此就在这个世上消失了。

在心理咨询中，我们非常在意一个人是如何讲述在他生命中曾经发生的故事的。因为每个人都会发生很多事情，有过无数的记忆。但是他主动选择的、印象深刻的，就意味着那对他而言的重要意义，以及留在他内心中感受的基调。比如杉杉父亲的这件事，就充分说明了他内心对于家庭、情感以及自我的感觉：

当一个孩子习惯性地被扔在家里，那种被抛弃、孤独和恐惧就会种在内心深处。而早年“总是面临饿着的境地”以及可能“会被饿死”的恐惧也说明了他在家庭中是如何被对待的——没有母亲来喂饱自己，也没有家人来照顾自己，那么自己就很可能面临危险的境地，活不下去。“掉进河里”既是一个现实的意外，也是当时心境的象征。如果没人来救，也许死了都没人知道。

所以家庭，是多么地无情、可怕、没有意义。情感又是多么奢侈的、看不见的东西，而由此也能得出一个关于自我的结论：只有自己毫无价值，才会被如此对待。因此当他也有了家庭、情感与孩子，他也无意识地将这些感受传递了出去，即便现实早已不同，但他依然原样复制了一个毫无情感的家与一个没有被好好疼爱的孩子。

而那，其实就是他自己的化身。

母亲的配合

如果说，天下没有不爱孩子的母亲，这句话一定会被许多人所认同。因为所有的孩子都是通过母亲来到这个世界上的，从在母亲的肚子里，到呱呱坠地，母亲与孩子有着很长的“融合共生期”。所以在情感上也自然不同于父亲，会更加深厚、更加紧密。

但若是说，一定也有着不爱孩子的母亲，这句话也会被另一部分人所认同。因为的确有一些母亲的情感是令人困惑的，她们似乎对孩子并没有多少爱，就算经历过生育和养育，但在这个过程里也和孩子保持着距离，甚至还有一些无法控制情绪的母亲，更会对孩子毫无疼惜之心。

杉杉的母亲就属于后者。

说起来这是一个非常成功的女性。她有着很强的事业心和能力，在工作上气势逼人，强势果断。虽然她只从一个小职员开始做起，但没用几年就迅速升到了管理层。她的性格干脆利落，又有着敏锐聪慧的头脑，于是很快她就有了属于自己的公司。

我们常常说一位职场的成功女性，总会在家庭和工作之间疲于奔命，因为既要保证自己的事业，同时也希望兼顾家庭。尤其当有了孩子后，许多职业女性都面临着时间和精力上的艰难选择，甚至不乏有人会放弃事业，暂时回到家庭中陪伴孩子。但对于杉杉的母亲，似乎这并不是一个问题。即便她怀孕期间，也是挺着肚子继续工作。生产之后一个月，她就立刻回到了工作中，孩子则交给了保姆带。仿佛有了孩子这件事，不过是她人生当中一个小小的插曲，简单到不值一提。直到现在，她回家看孩子的时间也都是列在计划表上的，一周能有一次，还要赶时间。

所以我们可以想象，对于这样一个母亲，杉杉的感受会是怎样。相比父亲，他本应该更眷恋母亲，但出生后没多久就被放在保姆手中的他，真正熟知的对象却只能是保姆。而随着慢慢长大，他开始意识到自己的母亲是谁，她是一个怎样的人，她为这个家都带来了什么。但这些对他而言都不重要，他就跟其他普通的孩子一样，只是希望母亲能多陪陪他、在意他。但就算他有多希望，这些也只是一种奢求，到了最后都会变成无望。

母亲无疑是配合着父亲一起建构这个家的人，她更在情感上与他同步，在他们共同的“努力”下，这个家终于变得富丽堂皇，但可惜只是一个空架子。一个家庭的“空”，意味着父母两个人在某个部分是同频的。所以杉杉的母亲也必然有属于自己的往事，也许那同样是不堪回首的。

对于母亲的往事，杉杉也简略回忆过：

母亲生在一个贫苦人家，姥爷的身体一直不好所以只能勉强做点散活维持生计，而姥姥年轻时得过很重的抑郁症，但无论是那个年代，还是她的家境都不足以让她得到好的治疗，于是姥姥很早就过世了。尽管杉杉母亲很少提及这部分，但每年姥姥的忌辰，她都会难过低落一整天，仿佛深陷于抑郁当中。而之所以能对这部分记得这么清楚，是因为在杉杉的眼里，这个时候的母亲更加真实，更能贴近。他每次陪伴着母亲去给姥姥祭拜，母亲都会难得地搂着他，让他感到久违的温暖。

如果放下种种的社会标签，也许我们可以更真实地看待一个人。杉杉母亲在工作中表现出来的强大、有力量、能力卓著，似乎像是一个打不倒的战士，而她对于孩子的冷漠、疏离却也如同一个无情的机器人。但这些并不足以概括她的全部，因为作为一个人，她必然有隐藏真正情感的地方，那个地方就是她的母亲。

就算是如今，抑郁依旧是一个心理难题。重度抑郁甚至会有频繁的自杀倾向，一旦没有人看顾，随时都会有生命危险。而得了抑郁症的人，情绪上是难以自控的。他们就算努力绷住自己理性的那根弦，也抵挡不住时时涌来的情绪狂潮。如果没有药物控制，每天都如同生活在黑暗之中。而这样一个人如果还是个妻子、母亲的角色，她可能根本无法行使自己的功能与责任，甚至还会因为失控而对孩子造成伤害。所以我们可以想象，杉杉的母亲曾经在这样的家庭中长大，她面对无助、无力、时常失控的母亲，会是怎样的心境。而最终母亲因为痛苦而死去，对于她又会有怎样的影响。

这一切，也许在如今她的无情与隔离中都能够得到答案。

因为只有不带情感，才不被情感所伤。只有远离家庭，才能避免重现痛苦的境地。所以哪怕有家、有孩子，却选择拒绝融入，也许，这也是她难以触碰的部分。

对于家的渴望和恐惧

有人这样问：如果情感对于双方都是困难的，那么为何还要在一起、结婚、生孩子呢？其实答案很简单：因为有一个美满的家，是他们共同的渴望。

人都是冲突的，一面的背后印刻着更深的另一面。有多强烈的恐惧与愤怒，就有多强烈的渴望与期盼。

杉杉的父亲自小就没得到过真正的关注，于是他最渴望的就是能有一个属于自己的家。在这个家里有爱着自己的妻子，也有依靠自己的孩子。三个人深爱彼此，永不分离。虽然这是他长大之后的愿望，但我们依然能感受到在他曾经还是个孩子时内心真正的渴望：一个温暖富裕的家，一对深爱着他的父母。仿佛只有实现了这样的画面，内心才会得到真正的满足。

而杉杉的母亲则有着难以弥补的遗憾，她的母亲因为抑郁早早离去，留下她和父亲两个人艰难生活。母亲在世时虽然日子也很折腾，但离开对她更是一个巨大的创伤。为此她怨恨过父亲，觉得是他没有能力让母亲过得更好，得到治愈的机会。但她也更恨自己，每当母亲痛苦的时候她都谴责自己为什么帮不了她。而这也是她后来拼命工作的原因，因为她不能再让自己没有能力挽救最爱的人了。

这样的两个人彼此吸引、相爱，最终选择一起生活，其实我们是可以理解的。因为他们有太多共同的地方，创伤会让彼此更加贴近，而对家的渴望，又都是无比强烈。所以有一个属于自己的家和孩子，一定对他们来说意义非凡。

可惜的是，事情总是没那么简单。因为若只心怀渴望，他们必定会好好经营生活，投入情感，让这个家充满爱与温暖。现实却是：他们仿佛从这个家里退出去了，只留下杉杉一个人面对着毫无情感的空架子。甚至在咨询室中发生的那一幕让我们都可以想象，他们有多难和杉杉安安静静地守在一起，哪怕只是一会儿。留下即是焦虑，离开方才心安。也因此，我们似乎可以探寻到渴望之下那更深一层的情感：恐惧。

恐惧是无形的，无形在于它看不见，摸不着，有时你甚至根本不知道自己在害怕什么。但恐惧也是有形的，它的有形在于你能触碰到内心的感受和身体因此产生的自然反应。比如你总想躲、总想逃，一旦在一个让你感到不舒服的地方就会紧张、担忧和有巨大的压力，希望找到什么东西来抓住，或者想办法迅速离开，等等。这些都是对恐惧的反应。如果在陌生的地方，面对陌生的人，我们也许会对这样的自己有所觉察，比如到一个没有去过的地方旅行，兴奋之余一定还会有对于陌生的警惕。这是身体给我们的预警，以此来自我保护。但熟悉环境下的恐惧，却很难被我们识别出来。比如最近频繁提到的中年男人的状态：下了班不回家，要在车库里停留一会儿，这是为了缓解身上所承担的太多压力。而这也是恐惧的一种表现，只是人们常常会回避和隔离，这样不至于让自己更难面对。

而杉杉父母的恐惧，则更有一种别样的意味。

比如在咨询室中他们的频繁离开，就好像面对孩子是一件非常困难的事，所以无论在时间还是空间上都需要距离来缓一缓。而由此也能联想到，平日里他们很少回家、很少陪伴孩子，就连彼此都很少见面的行为，是否更与恐惧相关？因为单单为了孩子而赚钱的理由，其实根本无法说得通，那只会是一个貌似合理的借口，能够让他们安然地留在这个家之外。

如若是这样，那么恐惧的内容又是什么呢？这部分前面曾经简单地谈过，但在这里我们可以试着有更深的延展。

杉杉父亲恐惧的是被抛弃，这正是他最害怕的部分。因为他曾经被一个人留在家里，家对于他并不是安全、幸福和满足的地方，而恰恰是危险、痛苦和缺失的地方。他对于家的深刻记忆始终定格在那样一个画面上：自己在黑黑的地方，饿得奄奄一息。黑暗本身就代表着恐惧与危险，饿死的意象更意味着死亡的临近，那么这一切都在他的内心中成了一种恐怖幻想，让“家”这个原本应该充满温馨的地方有了黑暗的另一面。

而杉杉母亲恐惧的，一是痛苦与折磨，二是被抛弃。这两者的感受都与自己的母亲相关，前者充满了与母亲相处的时光，后者则是母亲无奈的离去让她产生的心境，而后者显然比前者来得更加痛苦绝望。于是当她自己成为了一个母亲，就激活了曾经与母亲之间的复杂情感。她既希望能好好爱孩子，却也害怕靠近孩子会给他带来伤害，同时如果走得太近，就可能像她当年那样，无法接受母亲的离去。于是她在“当年的自己”和“如今的母亲”两个心态之间摇摆切换，彼此冲突着。

我们常常说，哪种情感在内心埋藏得更深，常常它就是一个人真正的主宰者。正因为它最难被面对、不能被好好消化，也就无法被拿到明面上被善意地接纳，由此它就更容易成为一个解不开的结，被放在内心深处一个自己可能都难以意识到的角落里搁置。杉杉的父母就是这样，他们都被恐惧所困，以至于他们就算对家充满渴求，却也因为过往的经历让他们的恐惧远远超于渴求。甚至他们只能通过杉杉来投射自己的愿望，只是这个愿望越强烈，他们就越恐惧。

创伤是如何传递的

当我们这样谈杉杉的家庭，似乎会给人一种感觉，在这个家里父母都成功地避开了让他们并不舒服的情境，只留孩子一个人独自承受。孩子在某个角度成为了替罪羊，无辜承载了当年带给他们伤痛的父母的过错。

有人质疑：孩子有什么错，要这样对待他？而类似的说法在后来杉杉父母与咨询师的对话里也出现过：当年的我们有什么错，需要承受那些痛苦。如此隔空的类似就让我们有一种无奈，好像不知道要求谁来承担这份责任，但同时也意识到一个问题：原生家庭的创伤，并不是凭空制造而更可能是传递。

那么，它是如何传递下去的？我试着找出两个答案：

1. 制造相同的命运

曾经有这样一个例子：一个妈妈邀请自己的母亲来帮助自己抚养孩子，由此两个人常常发生冲突。相信这样的例子并不少见，因为当今会有很多人因为孩子的问题而让家庭的架构变成三代同堂，隔辈或主动或被迫参与到一个新的小家庭中担任角色和承担功能。其实我们可以想象，这样的关系会不会发生冲突，一般来说会的。因为只有每个人都在里面找准自己的位置，才可能和谐共处。若不然，冲突就一定无法避免。

其实从源头看，这样的冲突完全可以被规避，比如女儿和丈夫依靠自己来看管孩子，不必将母亲也扯到家庭里面去，但现实中似乎总是有着各种无奈，导致这样的局面不得不产生。

尽管从现实来讲，走到如此的地步会有各种说法。但任何一种“不得不”，其实都一定有更深层的解释。比如女儿和母亲之间的权力之争；彼此由于难以分离才会通过“邀请”来继续纠缠；对孩子的抚养激活了曾经母亲与孩子之间的复杂情感，等等。但若我们只从孩子受到的影响来谈，那么一个重要又经典的解释就是：她在给孩子制造与她自己当年同样的命运。这是心理学家曾奇峰的解读，他在《妈妈为什么邀请外婆来家带娃》的文章中对此有着非常细致的分析：如果妈妈对自己的母亲在早年的时候有很多不满，而她需要把这样的不满或者痛苦告诉一个人，那么最值得告诉的就是自己的孩子，让他也经历被外婆带大的痛苦，这样就把孩子变成了世界上最理解自己的人。

这样的分析令人动容，似乎我们完全可以感受到妈妈作为当年的女儿，曾经经历了什么。但更令人感到不适的，却是当她无法表达自己的真实情感，却要自己的孩子“感同身受”的方式。仿佛她只有制造一个伙伴，一个共患难的人，才能让她不会独自痛苦。

而杉杉的父母其实也是一样。他们正是在用“制造相同的命运”来给孩子刻下当年自己身上的烙印。孩子有多痛，就意味着当年的他们有多痛，孩子有多无助，也说明了当年他们的悲惨境地，可是，谁还不是无辜的呢？

2. 回避创伤

如果一种创伤没有被治愈，甚至都没能被看见，它会怎样？

显而易见，它可能会时时发作，同时也会因为没有被看见而异常愤怒，于是用各种方式寻求他人的注意。而更糟的是，也许它会“流脓、感染、危及生命”，来造成难以预料的后果。

用个略显极端的例子来说，许多最后演变成罪犯的人，都是在这条路上越走越远，没有机会得到救赎，从而置自己和他人于死地，这正是他们的内心外化的结果。但看起来常见的例子其实更加触目惊心，因为有太多的家庭是无法修复创伤的，他们非但没有能力去改变，甚至会在无意识里将伤害扩大，导致孩子在未来的人生道路上更加艰难。

比如杉杉的父母，虽然在物质层面已经最大化地解救了自己，但他们依旧难以面对曾经的家庭在内心种下的隐痛。这让他们在痛苦之余选择了回避，但因此造就了同样的苦难给孩子。尽管他们赚了很多钱，但钱在这里，并非一个有价值的工具，而成为了他们用来回避创伤的屏障。他们用钱为孩子搭建了一座毫无情感的城堡，同时也用钱企图解决孩子由此出现的一切问题。比如将杉杉扔给咨询师，但他们根本不出现、不配合，仿佛这只是杉杉自己的事，与他们无关。而这也类似于当年将他扔给保姆、司机一样，只是后者负责他的生活，前者负责他的精神状态。但当缺少的是情感，堵上的却是钱，那么这一切的意义又何在呢？

回避，是因为不敢触碰，但不触碰也延展创伤。他们回避孩子的问题，其实更是在回避自己的问题。但其实，总有一些东西是无法被回避过去的。

面对自己的问题，才是拯救的开始

杉杉的父母，最终还是分别接受了心理治疗，尽管相对于孩子来到咨询室已经接近半年之后，但这对杉杉来说依然非常关键。因为他还只是个未成年的孩子，无法承载父母放在他身上的复杂情感，那些深重的、冲突的、渴求与恐惧的，都不是他应该承担下来的东西。只有他将父母的需要还给父母，才能在这个阶段去完成自己的成长任务。

而值得欣慰的是，杉杉的父母之所以想得通，还是因为孩子。他们并非真正的冷酷无情，也并非对孩子没有爱，而是这份爱藏在了恐惧背后，让他们难以逾越。可是在这半年里，杉杉越来越展现出对他们浓烈的情感，从之前的拒绝依赖、假装独立，甚至也曾经冷漠无情地对待他们，到如今敢于承认自己的依赖和留恋，这一切都在慢慢打破他们内心那层障碍，流淌出尘封已久的深情。而这份深情真的是太久了，那还是他们作为孩子时对父母的渴望，以及他们曾经看到杉杉出生，内心所涌出来的感动。只是这一切不知为何走偏了，走向了情感的反面。

面对自己的问题，才是拯救的开始。如此的重要意义不仅仅对于一个人，更是对一整个家庭的系统。父亲在治疗中将会面对他和自己父母之间的情结，而母亲也会重新审视她与妈妈之间的复杂情感，至于孩子，父母在考虑之后决定与他通过家庭治疗的方式来共同调整。于是，三个人在这一刻终于站在了一起。

拯救，听起来充满了幻想和期待，也似乎是给跌落谷底的人一线生机。对杉杉来说，他的确一直渴望被拯救，也在内心常常幻想理想的父母形象是怎样的。但这些似乎都比不过真实诚恳的他们呈现在自己眼前，尽管不够完美，不够如同期待，甚至还需要给他们时间来成长，但只要他们是爱自己的，也愿意爱着自己，对于杉杉就已足够。

强迫，是看不见的掌控

强迫让我无法好好生活

随着心理学的普及，有一种心理疾病被人们广为熟知，它叫作强迫症，是和抑郁症、焦虑症并行的三大神经症类别之一。但之所以被人们越来越熟悉，并不仅仅是因为心理知识的传播，更是因为它原本就在某类人群中根深蒂固地存在着，只是从前没有一个名字来定义，也没有更准确的诠释，所以让很多人都会因此困惑自己到底出现了什么问题。

根据世界卫生组织所做的全球疾病调查，强迫症已经成为中青年人群造成疾病负担最重的20种疾病之一。也就是说，一旦得了强迫症，它就如同给人背负了一个沉重的、难以卸下的包袱，极大地影响了人们的社会功能和生活质量。并且因为人们对于心理疾病的意识和认知都远远低于对身体的重视程度，因此常常拖延了及时就医的时间，导致问题趋向于更加复杂和困难。

尽管当今对于心理疾病的心态越来越开放和包容，但实际上人们依旧对此难以启齿。仿佛心理相比身体上的疾病，要更可怕、更羞耻，也更说明了自己的脆弱程度，而一想到要在陌生人面前暴露自己的痛苦与隐私，则更是令人难以忍受的。于是真正能下定决心去面对的人，常常都是痛苦将自己逼到了另一种更加艰难的处境，才会暂且克服自己的恐惧来面对。

护士小朱正是这样。

她在强迫症状的煎熬里，度过了一年又一年，直到今年她的状态越发糟糕，已经无法好好生活下去了，才在犹豫再三之后，走入了心理治疗的诊室。

如果单从症状的表现来看，小朱是非常典型的。她的强迫思维和行为是频繁洗手和对锁门的怀疑。洗手在最初的时候只是略显洁癖，如果从旁观者的角度看，常常会觉得这不过就是一个过分爱干净的姑娘。但慢慢地，这个看似简单的动作就演变成了一种烦琐的程序与巨大的负担。做什么都要洗手，甚至不是洗一遍，而是至少三遍。而且每一遍的洗手过程，水花都不能迸溅到手上，一旦她感觉被溅到，立刻需要重新再来。我们可以想象，洗手原本只是一个下意识的行为，根本不需要如此谨慎、认真、过分烦琐，但对小朱来说，它已经变成了一种慎重的仪式，紧张、令人担忧以及承载着巨大的压力。

锁门同样是一个天大的事情。不知道从什么时候起，她总是对自己到底有没有锁好门，抱有怀疑。虽然她一再确定，甚至每个细节都会放慢速度来观察，但当门关上了，她心里那份巨大的不安就开始涌现出来，仿佛有个声音对她说：可能门还没有关好，你还需要再确定。于是在焦虑不安的情绪中，她会不断地回头继续检查，哪怕理性告诉自己没有问题，但焦虑好像才是真正的引导者，让她根本顾不上理性了。

洗手和锁门，这两件事在最初开始的时候，只不过占据了她一点点时间，烦恼也是可控的。当生活放松愉悦时，甚至一度她都会忘记还有过这种表现。于是据她自己的判断，这些并不是太大的问题，也许只是生活压力所致。可随着时间流逝，她越来越感受到它们的存在，甚至要接受“它们已经侵入到了自己日常生活中”的事实，成了每天无法更改的一部分。

如果小朱的工作性质能够放松一些，也许她不会为此过于焦虑。但她恰恰是一名护士，工作时间既多又严苛，一旦有紧急状况，就算下班也需要立刻返回医院。所以这是一份紧张、压力很大的工作。而且每天面对着大量的病人，各种焦虑、痛苦以及不安的情绪充斥在她的周围，无形之中也增加了不少的负面情绪。本来今年她被升职为护士长，是一件非常值得祝贺的喜事，但也许是因为工作任务更加繁重，压力更大，她的强迫行为也因此变得越来越频繁持久，严重影响了她的工作时间和状态，在被领导们点名批评了几次之后，小朱被迫请了长假，回去调整自己。

冷漠的另一种形式

对于冷漠的家庭，我们常常有这样的理解：家里充满了冷冰冰的气息，家人之间是很少有互动的。就算有，也很难见到情感上的敞开与交流，取而代之的都是一些可有可无的对话，没有意义、没有质量。整体氛围显得格外压抑、沉闷，关系也是僵硬和疏离的。这样的家庭常常会给人一种空荡荡的感觉，仿佛根本没有人在，而生活在这样的家庭中，也如同没有活着一样。

如此的家庭环境算是显而易见的冷漠，但其实还有另一种难以辨识的形式，这种形式完全是相反的，看起来充满了热烈的情感和氛围，让人一眼看去，很容易被感染和打动，至少不会有“冷漠”和“疏离”之感，但从结果上看，却与前者异曲同工。这种家庭模式是这样的：父母非常关心你，但他们看不到你是谁，也不关心你想成为谁，而是在他们的心里很早就勾画出了他们希望看到的样子，然后，将你放进去塑造。

小朱就是在这样的家庭中长大的。

在这个孩子还没出生时，她的父母已经开始设想孩子的样子了：也许会是一个男孩，一个长得好看又可爱的男孩，聪明伶俐，学习优秀，未来可以做一个医生，既有地位又有名声还能创造财富，等等。这些设想让他们心潮澎湃，浮想联翩。仿佛眼看着孩子就会如同设想般长大，实现他们的期待。但这样的设想在小朱出生后，就遭遇到了最初的破灭。因为小朱是一个女孩，还是个看起来相貌平平甚至有些难看的女孩。

父母非常失望。但他们在失望之余，却也没有放弃期望。因为转念一想，就算是个女孩，在当前的社会里女孩也同样能做很多事，实现和男人一样的地位和能力，只要有梦想，什么不可能呢？于是他们重新恢复信心，开始为小朱制订下成长的一系列计划：从昂贵的早教班开始，到对各种兴趣班、艺术班的报名，再到如何想办法进入一个重点学校，他们可说是煞费苦心，甚至为此不惜花光了家里所有的钱，不够还到亲戚那里东拼西借。

在父母的“打造”下，小朱的表现也算令人欣慰。她一直学习很好，名列前茅，并且在各种课外班都让老师称赞，可以说是一个品学兼优值得父母荣耀的“别人家的孩子”了。但就这样一个典范，却在重点初中之后，坚持选择职校而不是继续读高中，让父母立刻跌入了谷底。他们根本不能接受小朱做这样的选择，也完全不能理解为什么小朱要这样自暴自弃，用他们的话说：你这是要毁掉自己的前程，也要毁掉我们这么多年的努力啊！

但这只是父母的视角，若是从小朱的视角来看待自己的成长，这一切又是另一番样子：

她一直在极不情愿地伪装着自己的人生，或者可以说，这就不是她的人生，而是父母的人生。从小她就经历着父母对自己的“栽培”，他们有多努力、多辛苦，自己就有多痛苦和多压抑。因为没有人关心她是否喜欢、是否愿意，而是统统强制式地“塞给她”，还不能做不好。在父母的劳累面前，自己仿佛只有一条路，就是按照他们的意愿去完成，不能反抗。她也曾经试探着表达自己的想法，比如能不能只是专心学习，不上课外班，但只是这简简单单的一句话，就激起了父母的强烈反应：父亲一根又一根地抽烟，表情愤懑而失望。母亲更是一直在流泪，喃喃诉说着自己这么多年的委屈和辛苦。这个画面后来一直定格于小朱的脑海里，让她印象深刻。因为当时的时间仿佛都停滞了，她感受到来自父母的某种沉重的东西压在身上，令她喘息不得。

在他们的情绪下，她没能为自己改变什么。但在之后的学习里，说不清楚原因，她的注意力就很难集中起来了，总容易被身边的事物或者声响干扰到，甚至就算没有任何声音，她也会存在惶恐，似乎不知道什么时候某种声音就突然出现，让自己受到惊吓。而更糟糕的是，她的脑子里无缘无故就冒出一个念头：你很难集中注意力。这个念头一出现，她就立刻被攫住了，无论怎么想办法摆脱，就是摆脱不了。如果这个念头在，她的内心就会无比焦虑，一心想要去除它。但若是想尽办法“摆脱”，却也让她同样将注意力放在了别处。结果无论怎样，都如同一个魔咒的实现——她的注意力的确被转移了。

当时被困扰的小朱所不知道的是，强迫，已经开始在她的生活里显露了端倪。它以突如其来，难以理解，同时又以违背当事者意愿的方式呈现，如同一种入侵，不由分说地强占了重要位置，让当事者在这一刻对自己是完全失控的。小朱正是这样，她仿佛再也无法控制自己的某些意愿了，尽管成绩还没有受太大的影响，但她如同掉进了一个陌生的深渊，在无法言喻的痛苦中沉沦挣扎，她也试着和父母说过自己的状态，但他们似乎很难明白，并且不以为然，只是觉得她想得太多，告诉她少想那些没用的东西。于是这一切最终只能回到她自己的身上，默默承受着。

当一个人承受着巨大的压力，却没有缓解和得到帮助的渠道时，这种压力就会加倍，而强迫也会随之变本加厉。于是小朱的成绩开始慢慢下降，精力也大不如前，她没有办法去调节自己同时适应高强度的学习和强迫这两件事，在高压之下，她已经快垮掉了。而此时正是初三的关键时期，面临着考入重点高中，还是进入职校的选择，小朱在苦不堪言之时，选择了后者。

我的存在有意义吗

当小朱为自己做出了选择，作为旁观者的我们，也许会为她感到欣慰。但其实只有她自己才知道，这个选择给她带来了什么。

先是无法控制的愤怒：父亲动手打了她，逼她必须改变选择，不然就不要进这个家门了。而母亲就是一直哭，哭完又说，说完又哭，好像天都塌了下来，她根本没办法接受这个事实。他们还一起合力骂她就是个白眼狼，付出这么多年的心血在她身上，结果现在全都白费。最后实在没有办法，就发动所有的亲戚轮番上阵劝说，好话也有，威胁也罢，几乎能用上的招数全都用尽。

之后就是完全的失望：看到所有的办法都不管用，父母最后什么也不说了。但他们仿佛有了共识，去忽略小朱的存在。每天都照常做自己的工作，但是再也不管她。小朱知道，这是他们对自己彻底失望了，他们无法面对小朱的决定，于是就连面对她这个人都不想了。

在这个艰难的过程里，小朱从头到尾都保持缄默，她无法解释自己为何做出这个选择，但内心里却有一股执拗的力让她坚持自己的决定。“破罐破摔吧！”她对自己这样说。

在咨询室里，我们接待过许多强迫症的来访者。他们多半在性格上谨小慎微，责任感很强，同时有着习惯性的压抑和自我控制。换句话说，他们常常活在一个被限定好的框架里，不容易有大的突破。因为突破意味着一种无法预料的失控，而对于他们来说，“控制感”是无比重要的。但过度控制的反面，一定就是失控。当一个人被长久压制，她就会期待着一种释放，而那会是极强的破坏欲。小朱的“破罐破摔”就有这样的意味。当她看到父母种种的失控状态呈现在眼前时，其实一瞬间她会感到异常恐惧，害怕他们会因此受到伤害，结果似乎是不可想象的。但同时她也有一种痛快淋漓，好像终于可以把那层伪装的面具揭下来，再也不必在他们面前装成那个优秀懂事的好孩子了，她感到一身轻松。

可惜的是，在孩子与父母的战争里，没有真正的赢家。

小朱就在父母将近两个月的漠然相对下，最终一个人拿着行李默默离开了家。这样的结果她是有预想的，却也非常地难过与沮丧。因为在她的内心深处，始终还是抱有一份期待，期待着父母不会因为她违背了他们的意愿就不爱她、放弃她，甚至她每天晚上都会幻想着自己一早醒来，父母就会变了态度，如同之前一样地关心备至、照顾呵护，事实却让她心灰意冷，看来他们的确无法接受这样的一个女儿，一个打破了他们的幻想、梦想，从令人仰视的高处跌落到如此普通凡尘的女儿，当她剥掉那层闪闪发亮的外壳，展露了一个再普通不过的孩子的模样，似乎他们就不爱自己了。

于是将近一年的时间里，她都在质疑自己：我的存在有意义吗？

工作狂与强迫

当一个人开始质疑自己的存在，一般来说他会有两种选择。一种是颓废放弃，将自己彻底扔进谷底，毫无拯救之心。似乎向外界宣告着他的确没有存在的意义。另一种则是努力证明自己的存在，为此不惜付出任何代价。

小朱就属于后者，尽管她低沉了一段时间，但很快就通过努力拼到了优秀的位置，也因此在毕业之后立刻就被一家三甲医院选中成为了一名护士。尽管能进这个医院的人都很出色，但她还是在同时入职的人中脱颖而出，以对待工作的无比严谨、认真、负责的态度，获得了从上到下一致的赞誉，由此她仿佛再次回到了曾经的巅峰状态。可优秀的另一面往往是难以想象的付出。能做到如此的程度是她越发严格地要求自己换来的，甚至因此她变成了一个工作狂，几乎将所有的时间和精力都放在了工作上，完全没有个人生活。于是可以预想到的是，在巨大的压力和过度的严苛下，强迫症状再次出现，且来势汹汹。

成为一个工作狂，是小朱自己的选择。尽管到达一定程度，就引发了强迫症状。但到底是工作狂引发了强迫，还是强迫人格导致了工作狂的状态？这两者很难说清谁因谁果，但至少我们能意识到的是，过度投入在工作上，对小朱来说一定有着非常重要的意义，对此我们试着从以下几个方面来理解：

1. 实现自己的价值

强迫症的诱发因素虽然是一些特定事件，比如人际关系紧张、对环境适应不良、考试失利，等等，但一般来说，特定的事件背后都有着长期形成的人格因素。比如成长中父母要求苛刻、追求完美、不允许犯错，这些就会内化进孩子的内心，成为他的人格基础。在认同父母的背景下，“将一件事做到最好”才能得到父母的认可，那么无论是学习还是工作，在这些会产生个人价值的地方，自然就会吸引他完全地投入。

价值感看似是在满足自己，其实却是在满足父母，而更深一层来看，则是通过满足父母来确定自己在他们心中的位置和意义。不断将自己更努力地投入工作，甚至不在乎自己的身心，其实是在向父母发出呼唤：这样的我在你的心里是否更有价值？

小朱的工作状态就隐藏如此的含义，当她抛弃了过去的自己，抛弃了父母在她身上的期望，其实在某种程度上也如同“抛弃”了父母，与父母实现分离。这种分离虽然是主动选择，但出于被迫，内心是非常痛苦的。而再次得到父母的关注与肯定，仍旧是她最强烈的渴望。于是她需要通过自己的“崛起”，来改变曾经的一切。

2. 确定自己的存在

如果说价值是追求的重点，那么证明自己的存在，则是一切的基础。因为对于强迫症人群来说，他们的成长背景里常常有一个或者更多“不能让自己自由生长”的养育者。他们有着很强的控制欲望，希望孩子按照他们的意愿来生长，在他们不能允许的领域内是有着严格限制的。于是，对一个孩子而言，他若想突破将非常困难，“活出自己”往往是一生追求的目标。

所以工作，是他们确定自己存在的重要方式。虽然对于工作的选择常常包含了他们对父母一定的妥协与顺从，比如小朱在职校里选择了护士，这与曾经父母期望的“医生”是无限接近的。但工作本身，也会成为他们“建立一个怎样的我”的有效途径。

3. 对生活和情感的回避

当一个人成为工作狂，工作自然就会占据生活的主要内容。而生活中其余的部分，比如情感、个人时间，就会被极大地排挤和压缩。而这对于强迫人格来说常常是最合理化的防御，因为强迫的根源之一就是：情感隔离。他们看似被各种强迫行为困扰着、包围着，无法脱身，但潜意识里这些都是一种自我保护的方式，只有自己的焦虑与恐惧用这些有形的东西承载，才会避免去看到背后那些令人真正惧怕的根源。

比如小朱，她最痛苦的并非强迫，而是父母对她的安排与塑造。她不知道他们是否喜欢她这个人，还是喜欢被塑造出来的她。这种情感是无条件的，还是根本带着种种预设？一旦她不是他们期待中的样子了，是否他们就会完全放弃自己？那么真实的自己是否意味着就是不好的、罪恶的、坏掉的，才会让他们根本不能接受这个自己？

种种的疑问背后其实都是对自我的不确定，对自己是否值得被爱的不确定，而这样的负面情感只有隔离住，才可能让自己看似正常地生活。

4. 狂是一种失控的表现

任何一种“狂”，本质上类似成瘾。而成瘾，就意味着在某件事情上是失控的。工作狂，虽然在人们的通俗理解上属于褒义，似乎是对工作的一种忘我投入，常常被树立为典范，但实际上，它就如同其他上瘾者一样，只是通过貌似合理，但本质是极端的方式来缓解负面情绪，满足自己的需要。

工作狂看似失控，实则也是在控制。他一方面需要事事插手，任何一个细节都尽在掌控，以此来实现自己对于不可控因素的把握。另一方面却也恰恰因此，而让自己容易进入失控状态中，因为一旦有什么不在自己的预料和计划之内，就会迅速跌向失控。

小朱就进入到了这样的局面里。她一方面越发地需要控制，所以事无巨细地工作，力求在每一个环节上都提前预知，不出差错。因此她看起来极为认真、过度负责。但另一方面她的失控感非常强烈，一旦有一点点因素在意料之外，就会引发她激烈的情绪。这样的控制与失控看似毫无来由，但实际上却是有迹可循的。它更如同一种意象，意味着小朱在内心里建造了一个完美的自我形象，但它非常脆弱、易碎，一旦被碰触就很容易被毁掉，于是她只能紧紧地抓住它，以防不慎。

这种意象最早是父母建造的，也是他们对她完美的幻想和期待。尽管她亲手打破了这些，在心里却无意识地承接下来，这就是她对父母潜在的忠诚。

强迫，意味着什么

相比其他的心理问题，强迫症有着极为特别的一面。它仿佛一只看不见的手，凭空制造出一种力量，让强迫症患者陷入冲突之中。哪怕明知道这样想是没有意义的，那么做也是不需要的，但就是会不自觉地听从隐形的力量摆布，让自己有意识地去重复没有意义的动作。

比如洗手，就算他知道不这样做，也不会脏到怎样的程度，更不会因此染病。但如果不做，内心就会有一只巨大的怪兽冒出来，那就是焦虑。它占据了此时的全部内心，让人根本无法承受，试想一件令你感到无比担忧的事摆在眼前，如果你不去解决它，它就可能会解决掉你的那种感觉，程度基本上是一致的。所以如果有一种方式让你能暂时缓解，你是否会毫不犹豫？我想这种理解，应该就接近对强迫症的感同身受了。

锁门也是如此，明知道锁好了但在心里就是无法确定，然后脑海里浮现出来的就是没锁好带来的糟糕后果，比如整个家被小偷掏空了，一切都失去了，还会根据自身的情况有更加恐惧的联想，等等。而当这样的后果根本无法承受时，锁门这件事，就会变得至关重要，甚至令人非常紧张。

于是一遍遍地锁门，也就是在缓解无法控制的焦虑。

而小朱在更早时期体验到的“注意力不集中”，本质上也是一样的。就好似一种念头毫无预兆地出现，哪怕理智非常清楚这句话没有意义，也可以忽略不计，但在感受上，强烈的焦虑却被唤起了。而之后她做的所有一切，都是在无法自控地对焦虑作出反应。

所以强迫，有几个非常明显的共同特质：凭空出现、毫无意义、引发强烈的焦虑、常常会用仪式化的行为来缓解焦虑。那么现在，我们就来试着分别对它们做进一步的探索和理解，以便更好地读懂强迫。

1. 凭空出现

许多患有强迫症的人，常常不知道自己是从什么时候开始的，只是感觉一股力量凭空出现，置自己于水火之中，自此生活再也无法轻松了。但实际上，这种力量并非外来，而出自人的内心。只是它酝酿良久，找准时机就会从潜伏的暗处转到明面，或者说它是通过慢慢积攒才最终成形的。而它扎根的基础就是被强烈压抑的负面感受。

小朱就是非常典型的例子。她生活的环境极为严苛，父母一直对她是高标准的要求，从没有放松过。这就类似于一个人只能被放在高处，而不被允许下来，可想而知，她的压力和恐惧会有多大。而当这些感受多到无法承载时，它们就会扭曲变形，以另一种“有形”的方式释放出来，这就是强迫。

所以强迫，其实就如同压力的变形呈现。而它的“形态”，也提供了一种类似的意象——凭空出现又占领自身的强势，就好像父母那不容置疑的控制与安排，让你的生活无法由你掌控，被迫承受“入侵”。

2. 毫无意义

黑格尔曾说，存在即合理。虽然这句话在翻译上有些偏颇，不够完整。但它被广为流传的程度却意味着人们对于一些看似荒谬的事情的理解：既然存在，就必然有着它可以发生的条件；看似不合逻辑也一定有着它合乎逻辑的一面。而从这个角度讲，其实没有毫无意义的存在。

那么所谓的毫无意义，只是看起来很难找到意义，或者说，真正的意义因为某种原因被隐藏了。而这一点，在强迫症的表现里是最值得被探讨的。

比如洗手。通常意义上的洗手，只是一种基本清洁。当我们觉得自己沾染到了脏东西，甚至更微小的细菌，我们就会有这样的行为。但强迫症中的洗手，意义却非同一般，并且更具有象征性。因为手是我们与外界连接的最常用“工具”，通过握手，我们接触他人；通过碰触，我们了解各种事物，所以它更像是我们与外界的一种通道。而不断地洗手，有点类似于这个通道让我们感到非常地恐惧，似乎某种东西会借由这个通道来“入侵和占据”自己，用强迫症患者的感觉来说，就是手太容易“脏”了，会很容易被细菌侵染，于是不断地清洁，才能略有安心。隐藏的意义却是：碰触会破坏我们自身的完整和完美，于是需要“时刻清除被碰触过的地方”。

如果和小朱当时所处的境地联系在一起去理解，也许我们能更好地明白她的潜在感受。一方面她对于职业选择本身，就已经包含了“需要洗手”的程序，这既是现实中的要求，更能够对潜在的需求给予满足。而另一方面，小朱一直在努力追求着完美的个人形象，被破坏是不能允许的，但她又无法控制所有的一切，于是“清除”就变成了保持完美的最好方式。

锁门，同样有着深藏的意象。门既是外门，也是心门。如果没有锁好，就可能失去一切，让自己变得“空空如也”。而对于被父母束缚、要求长大的孩子，外在的优秀就如同一副富有的皮囊，充分满足了父母的需要。但内心中关于自我的构建可能是空的，于是“空”就成了无法面对的情境，引发的是深深的恐惧。

我们曾经说，一个人的自我建立，源于早年与父母之间的互动。如果婴儿时的他能够被看见、被在意，被满足他成长的需要，那么自我就会在这个过程中慢慢建立和发展起来。反之，婴儿极有可能会发展出一个虚假自我，以满足父母的需要。小朱就令人惋惜地成为了后者。父母并没有看到她，而是一开始就将自己的愿望投射到她身上，让她成为了自己愿望的承载体，于是小朱就是带着这样的愿望长大的，在她的内心，关于自我始终是一片空白。所以她越是面对自己营造出来的“优秀”，却越是害怕那扇真正的心门，它不能也不敢被敞开，那是她无法面对的深渊。

注意力不能集中，则带有更强烈的意味。因为注意力，是人人都有的功能。事实上，人在清醒的时候，每一瞬间都在注意着某种事物。所谓没有注意，只不过是将注意力原本应当注意的事物注意到了无关的事物而已。所以对当时的小朱来说，她的注意力并非不能集中，而是在内心里有一种无比强烈的抗拒力量，让她将注意力放在了别处，而这种抗拒正因为被压抑得太深，就只能以无意识的方式呈现出来，这就成为了她最早的强迫症状。

3. 焦虑与消除

第三和第四，我们可以放在一起来理解。因为它们本身就是一对相匹配的关系，有前者才有后者，后者则是对前者的“了结”。

焦虑是强迫症的重点，甚至强迫症本身就属于焦虑障碍的一种。所以驱使一个强迫症患者不断重复、陷入困境的情绪就是焦虑。那么，他在焦虑什么呢？仪式化的行为又能消除什么呢？其实，在它们的背后，有着一项共同的东西——无法被消化的情感。

我们依旧来谈谈小朱。一方面，在她的内心，关于自我的定义从来都不是好的，因为父母的有意塑造，会让一个孩子对自己产生质疑：真正的我是不是很糟，父母才不愿意看到、不喜欢，也不认同？而父母的高要求与严苛的对待，也会让孩子长期处在一种“我总是不够好”的境地里，孩子尽管会很努力，但动力并不发自内心，而是出于担心被父母嫌弃、评判、抛弃的恐惧，如果一直如此，这种恐惧就会固守心底，成为难以被消化的情感。而另一方面，她的自我感受也是极端的，这源于父母的“镜映”。当她能够实现父母的愿望，满足他们的欲望，父母就会反馈出一个“好的女儿”给她，她的感受也会是好的。但若没有做到，或者遇到困难，父母的反馈就可能是糟的，那么她的感受就会被迅速拉到谷底。当她的感觉完全建立在父母的反应之上，无法形成朝向自我、体会自我的感受。那么这种情感就会非常不稳定，甚至更大的比例是令人恐慌的、惴惴不安的，于是它也成为了不能被消化的另一部分。

令人难过的是，在强迫症患者的成长中，类似的情感还有很多，它们未必相同，但在程度上是类似的，而当它们一层又一层地压上来，最终就会成为“无法承受之重”。

当一个人最开始面对难以忍受的事物或者情境时，一般来说他就会想办法保护自己，比如采取隔离或是回避的防御方式。但当这些感受越发剧烈，甚至到没有办法控制的程度，它们就会自己努力地挣脱压抑，以另一种扭曲却释放的途径呈现出来，这就是强迫。

强迫虽然是症状，但某种程度上说也是一种保护。正因为它的存在，让真正难以面对的情感被隐藏于无形，取而代之的则是各种强迫念头及强迫行为。它们以一种有形的、能够被感知到的障碍出现，吸引了强迫者全部的精力投入其中而无暇顾及其他。而它们的形态也是自成体系，一个是难以承受的焦虑，另一个则是能够消除焦虑的仪式化行为，一来一回维系了完整的系统，让强迫症患者虽然极为痛苦，但在某种意象上仿佛找到了能够抵御那更为痛苦和绝望的情感的出路。

如何让自己摆脱强迫

对强迫的研究一直是医学和心理学的重要课题。因为直到如今，强迫的成因尚无定论。也就是说，强迫到底是怎么产生的，还没有一个严格、准确的说法。只是通过大量的实验和患者的主观体验发现，它既有脑部功能的生理原因，也与心理、个性、遗传紧密相关，所以药物治疗与心理治疗常常是并行的。

在心理学领域，各个流派都有自己对强迫症的解读和治疗方法，而从精神动力学理论的角度，我们倾向于这样的方式：将症状还原到人的身上，去理解它对于来访者的含义。因为所有症状的出现，对于来访者一定都是有特殊意义的，而它的固执停留，更说明着它与人之间的紧密关联。只有更深入地理解和解读它的含义，才会更好地帮助来访者。

就比如这个问题本身——“如何摆脱”，似乎是每一个强迫症患者的心声，提问的背后却透露出一种“逃离”和“扔掉”的意味，仿佛强迫类似于一个瑕疵、缺陷，甚至毒瘤，只有“去掉”它才能恢复完美的自我意象。但强迫，恰恰是我们内心无比剧烈和难以面对的复杂情感的化身，只有打开那层防御的面纱，见到背后的真实，并且试着去理解和接纳那个不完美的自己，这一切才可能恢复平静。

小朱在停职休息期间，去见了精神科医生。在那里她做了详细的检查和测试，最终确诊为中度强迫。在精神科医生的帮助下，她开始同时进行药物和心理治疗。尽管这一切的进行并不是说起来那么简单容易，但值得庆幸的是，最终她还是下定决心为自己做出努力。

每一个决定都是一次全新的开启，尤其对于强迫症患者而言。因为能走出自己的固守，勇敢面对未知的旅程，这对她本身就已经充满了突破性的意义。而更重要的部分在于：这一次将是她真正看向自我的时刻。

没有情感的婚姻，该如何维系

婚姻是什么样子的

爱情与婚姻，总容易被人们放在一起比较。爱情是浪漫、美妙和甜蜜的过程，而婚姻却被赋予了不同的意义：责任、担当、每个人需要承担的角色。在爱情中，可以“有情饮水饱”，只有情感就足以支撑全部。但婚姻却不行，在传统的观念里，能够承担起一个家庭的重任才是伴侣选择的第一标准，而情感却容易被弱化到可有可无的位置上。

琪琪就是基于这样的考量和晓峰结婚的。其实当初她也没有特别喜欢晓峰，只是觉得这个人看起来正派、规矩，而且人品不错，很有责任感，是适合结婚的对象，就抱着试试看的态度和他相处了一段。但还没有什么感觉的时候，家里人就开始催促她了，母亲更是直接对她说：这个人好就可以，感情是可以慢慢积累的。于是她还在犹豫中，双方的父母就都替他们定了下来，很快他们就举行了婚礼。

婚后的生活一度非常简单，仿佛两个人一开始就变成了老夫老妻，她负责做饭、刷碗、操持家务，他则在外工作赚钱养家，尽管她也是有工作的，但工作性质的自由，让她可以有更多时间放在家里，于是家务这一块基本都由她来承担了。琪琪对此并没有什么不满，但她对婚姻的状态有些困惑：婚姻就是这样的吗？就好像两个人在搭伙过日子，原本还是陌生人，现在也只不过因为领了证，就变成了世界上最亲密的人，可是，自己并没有体会到亲密感，难道每个家庭都是这样过的吗？

她对母亲说过这些疑问，母亲的回答是：生活就是这样，爱情不能当饭吃。她对闺密也说过，但闺密劝她别想太多，能找到一个好男人就已经运气够好了。她也曾想要和晓峰谈一谈，但看到他每天的心思全部都在工作上，她又把话忍了回去。“也许，确实是我要的太多了吧”，她这样劝解自己。

没有情感流动的日子，生活是枯燥无味的。尽管琪琪每天都努力打理两个人的生活，但很快她的动力就泄掉了。因为晓峰真的很忙，忙到了就连下班回家也要处理工作的程度，而周末他也同样在家里开着电脑办公。于是就算两个人在一个房子里，但琪琪的感觉却始终只有自己。

“这样的生活和没结婚有什么区别？”她开始质疑当初轻易的决定，也因此和晓峰有了几次争执。晓峰的态度很明确，他说自己拼命努力就是为了能创造一个更好的家，只有生活条件越来越好，能够满足更高的需要，他们才会是幸福的。而在琪琪的心里，幸福是彼此关心爱护，互相扶持，哪怕没有那么多钱也可以做到。他们各持己见，完全没办法说服对方，于是几次谈话都以不欢而散告终。

爱人之间的吵架，常常在所难免。毕竟两个人在不同的家庭环境、背景下长大，各有个人对生活的理解。而吵架也是一种沟通方式，也许氛围不对但至少能敞开心扉，让彼此都了解到对方在想什么。所以吵架并非危机，但如何处理吵架之后的关系就非常关键了。琪琪虽然很生气，但她一直有隐隐的期待，希望晓峰能主动向她示好，自己的情绪也就能消去一大半，就算观点不同，但如果能来哄她，也就意味着对她在意，而这显然比“谁对谁错”更重要。

可惜的是，晓峰完全没有她期待中的反应，而是一如既往地将工作放在第一位，就好像他们的争执已经过去了，一切可以跟之前一样。他的漠然引起了琪琪更强烈的愤怒，于是婚姻之后的第一段冷战开始了。

我们常常会听到女性来访者这样的抱怨：“他（男友或老公）总是想跟我讲清楚道理，确定谁对谁错，可这只会让我更生气，其实我只想要他来哄哄我，但他就是不懂。”这样的抱怨想必很多人都听过，或者也说过。说明它在伴侣之间是非常普遍的存在，而排除男性和女性思考问题的差异，我们其实还可以从另一个角度去理解，那就是男女对于情感不同的感受力与对待方式：女性对于情感是非常敏锐的，她们常常在事情展现出的众多信息之中第一时间捕捉到情感因素。这非常吸引她们，也令她们无比看重，如若将理性的分析判断拿来对比，情感的分量明显更胜一筹。但男性恰好相反，他们往往第一时间排除的就是情感因素。情感对于他们来说更像一种干扰，而非有意义的存在。在他们看来，如果事情都能通过理性的方式得以解决，这一定是再好不过的了。

所以琪琪的愤怒就源于自己的情感没有被看到，这远远超过了他们观念不同的分歧。当她觉得自己被忽视、没有被在意，伤害就产生了。所以她选择用冷战的方式，也就意味着她在将自己感受到的强烈情感——忽视、不在意——同样传递给了对方。

相比琪琪的情绪，晓峰似乎有些迟钝。他根本就没有意识到在两个人之间出现了很大的问题。虽然曾经有几次争执，但在他的眼里，这都是鸡毛蒜皮的小事，不会影响什么。毕竟，将重心放在工作上、赚更多的钱养家才是正事，他认为她是能够理解的。

当两个人在不同的频道，又彼此缺乏沟通，那么距离就会越来越远。琪琪最终忍无可忍，向晓峰提出离婚，而此时距他们结婚也不过就是半年左右的时间。晓峰措手不及，整个人都蒙掉了，此刻，他才意识到这件事发展到了多么严重的程度。

对婚姻的构想

他们能走入咨询室，这是他们几次沟通未果，但最终商量出来的唯一一致的意见。因为晓峰根本没有想走到离婚的地步，但琪琪却觉得他们三观不合，没有办法生活在一起。在晓峰的极力争取下，琪琪勉强同意来试一试，这也算是他们最后的机会了。

在听完他们的叙述后，咨询师问了他们一个问题：你们对婚姻都有怎样的构想?

琪琪思考了一下先做了回答：我想象中的婚姻，应该是两个人非常相爱，互相理解和懂得对方。在乎对方的感受，会有认真负责的态度而不会轻易背叛。

晓峰则迟疑了很久才做回答：婚姻其实就是两个人在一起过日子，分工明确，互相配合。男的在外面养家糊口，女的在家里操持家务。作为一个男人只要把心思放在工作上，就是对的，而且赚更多的钱才能满足需要。

当听到两个人的回答，咨询师在第一时间的反应就是：似乎他们的确有很多差异。琪琪倾向于情感的联结，而晓峰的观念更加传统。但这样的两个人，是因为什么走到一起的呢？于是咨询师将这个疑问在此刻抛了出来。

这一次，两个人半天都没有说话。等琪琪再次抬起头时，她的眼里满含泪水，她说：我是在一个单亲家庭成长起来的，母亲为了我付出了全部的心血，但我的父亲是一个不负责任的人。他早年一直在外工作，偶尔回来也从来没有一句热乎的话，我记忆中的他特别冷漠无情，不仅对我是这样，对母亲就更是这样。后来他还出轨了，抛弃了我和我的母亲。所以小时候的我就发誓，以后一定要找一个负责任的男人，这比什么都重要。

当琪琪哽咽地说出了这番话，晓峰就走过去把她拥在了怀里，他轻轻地拍着她的背，安抚她。这一刻仿佛空气中有一种僵硬压抑的东西被打破了，情感开始缓缓地流动起来。

传统的观念背后是被禁止的情感

晓峰其实并非一个冷酷无情的人，他能感受到琪琪真正的需求，但一直选择回避。因为在他的认知和经验里，情感是一种危险的东西，它会伤人，也没有存在的意义。

晓峰出生在一个非常严苛的家庭里，父亲的性格冷酷、不苟言笑。在他的记忆中，父亲的脸上除了严肃就没有过多余的表情，哪怕对着还是个孩子的他，也从来没有温柔过。从小到大，他始终惧怕父亲，总担心自己做错了什么被他惩罚，也许是小时候真的被父亲狠狠地打过，也可能在他的眼里，父亲对任何人都没有丝毫怜惜，哪怕是对待母亲。记得有一次母亲只是拿错了东西，就被父亲毫不留情地当众责骂，尽管他当时还小，但仍旧记得母亲脸上那尴尬又难堪的表情。这件事虽然过去了很多年，但在他心里像被刻下了一般，抹不去。

而另一件让他记忆深刻的事情是关于自己的。初中时他有不少的好朋友，他们曾经偷偷到他家里聚会，还是少年的他们有很多想要尝试的东西，比如抽烟，或者聚在一起聊喜欢的女孩。结果那一次聚会被早早回来的父亲发现，就立刻演变成了一场批斗大会。父亲虽然没有骂其他人，但当着所有朋友的面，把他说得一文不值，并且警告他们再也不要和他来往了。

当着别人的面被教训，这是一种巨大的羞辱，何况这些人还都是自己最好的朋友，于是他试着向父亲表达了自己的不满。而父亲当时的表情，时隔这么多年他还记得。就好像看到了一个企图脱离控制、忤逆自己的人，眼神迅速变得无比愤怒和可怕，这让晓峰立刻惴惴不安起来，因为不知道下一秒会发生什么，于是他再也没敢说任何话。

我们常常说，一个孩子在怎样的家庭环境下，就可能习得父母怎样的部分。比如习惯、观念、看待和对待事物的方式，等等。这并非因为父母就是正确的或是孩子愿意去学习，只是因为他在成长的过程里，只有接受这些，才可能“适应”家庭这个环境，而家庭环境越糟糕，这种适应就越艰难，甚至在某种程度上是需要孩子被迫“扭曲”自己才能做到的。比如晓峰在这样的环境下，就不得已学会了隐藏自己的情感，无论是快乐还是悲伤，兴奋还是难过，他都不能自由地展现。因为那都不是父亲愿意看到的。对于父亲来说，这个家里只能有按部就班的生活秩序，男主外、女主内、孩子顺从听话，完全由他掌控，这是唯一的模式，而情感的流动就会打破这些，所以他极度排斥。

于是晓峰慢慢地也变成了一个情感隔离的人。他与人相处会非常克制和收敛，有时甚至显得过分冷漠与无情。比如当他感受到琪琪的强烈需求时，他是将她晾在那里的，就好像将一种剧烈的情感生生压制到失望，再到绝望，他都没有为之所动。这种“不动”让他好似父亲一样没有同情心，也如同当年父亲对母亲和他的毫无怜惜之意。于是，尽管他无比反感父亲，但令人唏嘘的是，某种程度上他已经成了父亲的翻版。

认同与反抗

当我们和来访者谈他们的过去时，常常会感到一种令人无奈的部分。那就是尽管当初父母对待他们的方式，令他们感到非常痛苦，但因为某些原因，他们却不得不认同父母。而这些原因中最重要的一部分就是：无论父母怎样，他们都期待着来自父母的爱与肯定。

所以哪怕晓峰感到父亲的专制与毫无尊重，却也努力说服自己去接受父亲。他让自己内化了父亲非常多的东西：比如对情感的蔑视与回避，对工作价值的过度夸大，成为一个规规矩矩甚至有些死板的人，无法接受传统之外的观念，等等。而最重要的，就是对于亲密关系的形同虚设。内化这些在原生家庭里是非常适合他的生存的，但一旦他建立属于自己的新家庭，接触另一个完全不同背景下的人时，就一定会遭遇危机。因为这些曾经让他感到痛苦的东西，如今就必然会传递到伴侣的身上。

而从这个角度看，似乎他也在通过这样的方式来释放自己的愤怒。那些他遭受过的、没有办法言说的、被压抑在内心深处的种种情感，都正在以类似的方式被琪琪感知。唯一不同的是，当年的他作为一个孩子只能顺从和认同，但琪琪却可以激烈地提出离婚来表达自己的情绪。但也许正因如此，他们的婚姻才可能出现转机。因为晓峰必然会重新审视自己在这段关系里呈现了一个怎样的丈夫的角色。

而值得审视的另一部分，则是反抗。

晓峰的人生，完全是被父亲规划好的。他上哪所学校，选择哪一个专业，毕业应该进什么样的公司，甚至和琪琪的婚事，都由父亲一手操办。晓峰一方面非常抗拒，希望能有自己选择的余地，但另一方面他又根本不敢违抗父亲，在他的眼里，自己虽然是个成年人但在面对父亲时还是心存恐惧，而这也在他和琪琪的婚姻中埋下了一个伏笔，一个潜在的巨大愤怒。

因为对父亲的不满，所以晓峰一直借工作为名回避，而这种行为本身就有反抗的意味。因为若是他的生活过得很幸福，就好像父亲的安排是正确的了。如今走到了将近离婚的地步，自然好像一个炸雷扔到了父亲面前——“这是你做的选择，但这个选择是错的”。

我们很难得知当晓峰的父亲知道这件事会有怎样的反应。但我们能想象到，晓峰潜意识里对于父亲反应的期待。也就是说，如果父亲非常愤怒，可能会让晓峰惧怕，但也许内心里会涌起另外一种快意，显然那是一种反抗成功的快感。

值得思考的是，无论是认同还是反抗，对于晓峰而言都不是有利于他的局面。前者让他和琪琪虽“同处在一个屋檐下，心却远离千里之外”，无法实现真正的亲密。而后者看似对父亲像一个打击，但对他自己的人生何尝不是在付出更高的代价。

琪琪的内心冲突

琪琪其实也是矛盾的。

如果我们仔细回忆，就会发现她对婚姻的构想和最初草率地走入婚姻，两者并不符合。若她如此在意情感在一段关系中的分量，就不会在“没有什么感觉”时就同意了这门婚事。所以在她的背后，同样有一个对她影响巨大的人——母亲。

母亲曾经遭遇的是情感上的剧烈伤害。直接的冷漠是一部分，背叛与抛弃就更加深重。所以我们完全能够想象，对于她，情感会是怎样的一种意义。如果一个人曾经感受到温暖与爱，情感就会是非常吸引且值得信任的存在，但若一个人经受的是不断的伤害与痛苦，那么情感就会变得令人怀疑和无法确定。所以母亲对琪琪的劝说是非常简短的。“爱情不能当饭吃”，只这一句话就道出了她的失望。

作为孩子，琪琪的感受是和母亲不同的。她在乎感情，在乎自己是否对对方有感觉，也在乎一段关系中的自己是否被看见。这些本是人人都会在意的部分，可是对于母亲也许早已放弃了。但她的放弃，却给琪琪带来了许多困惑和不确定。“是这样的吗？也许是我要的太多了吧”，这些犹豫，都让我们仿佛看到了一个孩子不确定背后真正的东西：我是该相信母亲，认同母亲，还是该遵从自己内心的感受？

和晓峰对于父亲的困境一样，琪琪的情感也更多地被母亲所左右。她被母亲抚养长大，自然对她的感情无可取代。而从另一层面说，就算父母都陪伴身旁，一个女孩对于母亲的需要和认同，显然也更关键。因此她与母亲之间的关联，除了认同、依赖，也许还有顺从。前者是自然的发展过程，但顺从，却意味着她可能会将自己的某些功能让渡给母亲，让母亲来替代她去体会和做出决定，比如对另一半的选择。

很多人会说，其实父母做主的婚姻也有幸福的可能，因为他们是过来人，就比自己更清楚婚姻会是一个怎样的过程，而且当局者迷，旁观者清，父母往往比孩子更了解他需要的是什么，就能做出更有利于孩子的决定。这样的理解虽然有些偏颇，的确有被证实过，只是从心理层面看，“哪一种生活是正确的”并不重要，重要的是“这是否是我的选择”。因为只有这个选择是自己做出的，才会有发自内心的力量和掌控感，同时也会让自己更加有自信和尊严。甚至可以说本质是，当自己能做主时，也才能证明自己的存在。

琪琪就是这样。当她还在犹豫的时候，婚事就被确定了。这种感觉很像“越过了她做的决定”，让她并没有掌控感。而婚姻中一度的“忍耐”也意味着她在压抑自己的感受，按照母亲的观念（人好就行）来与对方相处。但当他并没有因此给予自己正面的反馈时，对于琪琪，她的尊严和自信就受到了极大的损伤。而争执之后的期待，则是琪琪最后的争取，“如果你能看到我，我就原谅你”。只是这种争取本质上依然是被动的，就好像决定权被放在晓峰的手里，由他来决定要不要看到自己。显而易见，她依旧没有得到满足。于是最后只有通过离婚——自己来决定这段关系的结局——才会让琪琪重新拿回自主权。

所以其实我们可以看到，无论是琪琪还是晓峰，他们都没有在这段关系中呈现出自我真正的意愿，自然也就无法看到真实的对方，这段由父母参与做主的婚姻，更像他们用来满足或者反抗父母的工具。除此之外，一无所得。

你们喜欢对方吗

在咨询中，咨询师问了他们这样一个问题：你们喜欢对方吗？

原本这是一个最好回答的问题，因为既然能走入婚姻，两个人之间必然有彼此深深吸引的地方，甚至用“喜欢”来表述都远远不够。但咨询师此时用“喜欢”这个词，恰恰是因为他们之间似乎连基本的感觉都是缺乏的，是否真的存在喜欢，都还是个未知数。

晓峰犹豫了一下说：“其实最开始的她，在我眼里没有什么感觉，只是觉得符合父母的要求。男人既然要先成家再立业，那么我就应该结婚，而她看起来刚好适合结婚。但对她真正有感觉的时候反而是从她提出离婚开始，那一刻我才感受到她。包括刚刚她流泪让我很心疼，我只想走过去抱住她，让她能好过一点。”

琪琪的回答则是这样的：“我希望能找到一个情投意合的人，但这种希望总是很渺茫。可能我会担心这个人是不是真的喜欢我，或者有一天他会因为别人而不再喜欢我了。所以一个有责任感的人就会很吸引我，哪怕我知道这不是我喜欢的。”

这就是他们的答案，虽然两个人都没有直接回答。但在“没有直面”的表现里，我们却看到了某种变化。晓峰终于从回避转到了“看见”，尽管这种看见未必就算是喜欢，但能让他突破的，正是琪琪真实的情感流露。而琪琪的回答袒露了更加真实的自我，她的希望是美好的，只是她的担心正在打破美好，让她不敢心存希望。于是她和真正的“喜欢”还隔着一层屏障，而这，需要她自己的努力。

在咨询中提出这个问题是非常有意义的。意义就在于当他们排除了父母的视角、要求，甚至掌控，他们对彼此真正的感觉是什么，或者更进一步说，他们自己的真实感受是怎样的。因为只有看到这部分，才能选择怎样对待这段关系和眼前的这个人。是否在一起并不重要，重要的是这个决定由谁来做。因为只有一个人自己做出的决定，他才会发自内心地关心、在意以及努力维护，也才能为自己和对方同时负责。

而这，才是关系的真正基础。

没有情感的婚姻，要如何维系

这个题目本身，就是一个值得探讨的事。因为被我们默认的婚姻状态一定是有情感的，没有情感的婚姻就相当于关系中最重要的那个基础被拿走了，又谈何存在的必要。但这样的理解其实只是一种理想化，现实的婚姻以各式各样的存在一直在突破着我们的想象和底线，让我们除了感慨之外，只有不断扩大对于婚姻的认识，似乎才能被迫接受这些不同。

比如晓峰对待婚姻的态度，就值得思考：婚姻并不是非常重要的一件事，而只是“立业”的一个前提，而“她刚好适合结婚”，又仿佛只是找到了可以“填充位置”的人。于是婚姻对他而言，只不过是“到了这个时候该做的事”，并不需要太过在意，甚至婚姻的这个对象是怎样的，他也并不关心。如此态度，其实有点像将人的属性抽离了，变成一个“机械化的存在”。而这样的“机械”能存在多久，我们也无法确定。如果大胆地设想一下，琪琪若没有这么激烈的反应，也许他就会一直这样过下去了。

令人郁闷的是，这样的人绝对不止晓峰一个。如果我们深入到日常的婚姻中去，就会发现很多伴侣都在这样的状态中痛苦维系。一边是无情、冷漠、机械的相处，另一边则是难以结束的无奈。仿佛婚姻只是一个套索，将两个人捆缚其中却无法得到真正有意义的东西。

这样的婚姻值得维系吗？我想没有谁能给出评判的标准，因为每个人都有自己做出决定的理由，而这个理由就如同各种不同的婚姻形式一样，需要我们去理解、包容而非统一定论。

只是，这里面的确有很多值得去思索的部分，当我们脱离“合适与否”或者“正确与否”的概念，单单从人的角度去考量，那么其实没有人是愿意停留在如此关系中的。情感之所以重要并不是因为它不可或缺，而是它本身就是作为人这种高级生物的进化能力，在这一点上我们可以肯定地说，没有人没有情感，也没有人不需要情感。所以凡是在关系中“机械”的相处者，常常他们在做另一种努力，比如有意无意地剥离了情感，或者以按部就班的计划来防御情感。剥离是为了不再看见，防御则是深深地隐藏。只有在情感上受过伤的人，才可能会用这样的方式来保护自己。

所以一个“机械无情感”的婚姻，并不是心甘情愿，却可能只是出于恐惧。

没有情感的婚姻要如何维系，我想这个问题本身比答案更有价值，值得每一个提出这个问题的人去思考，你会有重新审视自己、对方以及关系的机会，也会因此站在改变的开端。

而这，想来一定更重要。

第4章

病态的原生家庭

之前我们描述的几种家庭类型，虽然会有或多或少的问题，但总体而言还没有对孩子有直接的身心伤害。而现在我们要谈到的，将是一种可以称为“病态”的家庭，这种家庭中的父亲或母亲，他们本身就有严重的心理问题，无法控制自己的情绪甚至行为，于是对另一半以及孩子都会造成不同程度的伤害。在这样家庭中长大的孩子，他们的身心健康是无法保证的，而且常常因为父母没有这方面的意识，导致自己和家庭中的问题不会被重视和解决，于是孩子的创伤就如同上一代一样被搁置、发酵甚至完全传承下来。

为了方便叙述和理解，我们采用了“病态”的说法。但其实在心理学中并没有“病态”这样笼统的概念，取而代之的是更精准划分出来的“心理异常”的诊断标准和类别。比如神经症、人格障碍、精神分裂症等等。从这种分类的角度去理解“病态”，是能够让人们有一种确定感的，从“不知道在我的身上发生了什么”到“原来我是生病了”，就能够更清晰自己的问题和如何有针对性地去解决。就好像感冒了要吃药，发烧了要打针是一个道理，至少能从对心理疾病的蒙昧转而到正确的理解。

而在心理学慢慢普及的今天，这些概念也的确被人们越来越多地接触和了解，同时也能够在自己和身边的人出现异常时有更多的敏感性。可在更早一点的年代里，人们就没有这样的幸运了，甚至因为心理问题不像身体疾病那样能够被广为接受和理解，还被冠以贬低和羞辱式地对待，导致人们更是讳莫如深，就算有问题也多数会掩饰和隐藏起来，结果自然就会变得更糟。

而令人难过的是，这个结果也包括了对孩子的影响，并且它绝不是简单的。比如一个无法控制自己情绪的父亲，就可能成为一个家暴者，孩子的成长中就会面临身体上的伤害以及巨大的恐惧。而当伤害与恐惧占据了生活的主要内容时，成长就谈不上了，取代它的就会是“我怎么能保证自己的安全”。这不是想象中的危机，却完全是现实存在的危险，于是孩子就如同挣扎在生死线上，生存成了唯一的主题。我们可以设想，这样成长起来的孩子会有着怎样的内心，也许会终日惴惴不安，始终担心面临危险和被伤害的境地，哪怕现实中他早已脱离了当年的情境。也许他会因为过于恐惧，而选择复制父亲的暴力，因为只有这样才会将恐惧从自己这里传递出去，但可悲的是，他也会因此成为一个新的施暴者。

这只是一个例子，类似的我们还可以举出很多。而我想表达的是，我们一直在强调一个家庭中父母的角色，以及应该具有怎样的功能，才会促进孩子的健康成长。但对于病态家庭中的父母，这些也许都无从谈起。他们可能整个扭转了家庭对于一个孩子正常生长的顺序与结构，而孩子为了生存，也只能扭曲自己，顺应家庭，最终成为下一个病态家庭的缔造者。

这样的家庭会让人感到可悲、可叹，但更可悲的人一定是孩子。因为他们无法像其他人一样过着稳定幸福的生活，也没有选择自己如何生活的权利，更糟糕的是，家庭环境就是一个人内心环境形成的模本，它不仅是你一时的背景，更会因为“内化”而成为你的一部分，根深蒂固。在你没看到它之前，你无法避免被它牵引，只有跳出来看到自己的身上都发生了什么，这一切才有可能被重新定义。

长大后，我就成了你

被家暴“浸染”的爱情

家暴，是如今出现频率很高的一个词汇。它意味着一种指向家庭内部成员的暴力行为。虽然这个定义近年才出现，现象却可以追溯到“家庭”这个小单元刚刚建立的时候。可以说“暴力是什么时候开始的”，指向家庭内部的暴力就随之而来了。但相比其他类型的暴力，家暴却是最可怕的。因为家庭，本该是我们用来抵御外界危险的地方，有了家就有了最基本的安全保障。同时它也让我们拥有了世界上最亲密的人、最温暖的情感，让我们能够在爱中安心成长。但家暴，却完全颠覆了这一切。

正坐在咨询室中的小山，就是一个典型的家暴者。尽管他并不知道自己是怎么变成这个角色的。此刻的他一直低着头，神情愧疚而沮丧，非常艰难地述说起他与妻子之间的经历。

这本是一个幸福的小家庭。妻子娇娇虽然相貌普通，但性格温柔，娇小的身材就如同她的名字一样，惹人怜爱。他们是在一个朋友的聚会上认识的，当时的她非常害羞，低着头很少说话。而说不出为什么，她的样子让小山第一眼就动了心，于是他就开始努力追求她。而小山与妻子的相恋也非常迅速，因为他的性格虽然内向，但对待人的那种细腻与真诚，让娇娇很快也动了心。

世界上最美好的爱情状态就是：我爱你，你也恰好爱上了我。小山与娇娇的爱情就是这样美妙到无法言说。尽管他们都不爱多说话，对于彼此却完全不同。每天都会聊天聊很久，恨不得时刻黏在一起。见不到的时候娇娇会为小山准备便当送过去，而小山也从来都想着快递给娇娇她最喜欢的百合花。当两个人如胶似漆，就会觉得时光都充满了甜蜜，只是相守太过短暂，于是很快，他们就订了婚。

订婚之后的日子似乎更加美妙了，因为两个人开始了同居生活。娇娇学着做饭，小山就包揽了刷碗，而小山工作累了，娇娇还会为他按摩。当他们的眼里都充满了对方时，这简直就是世界上最美的画面。

只有一件事让娇娇有种说不出的感觉，那就是偶然一次她见到了小山极度愤怒的样子。说起来那还是公司的事情，小山被同事耍弄，结果弄丢了公司的重要文件，领导愤怒之下不分青红皂白地狠狠骂了他一顿。等娇娇下班去接他时，刚好见到了这一幕。本来还想过去安慰小山的她，却被他当时的表情吓到了。他的眼睛通红，死死咬着嘴唇，喘着粗气，手指也紧紧攥在了一起。在娇娇的视线范围内，她甚至发现小山的嘴唇都咬出了血，那一刻她有点不知所措了。

这件事的下文娇娇并不清楚，她也没想过问。无意识里，她屏蔽了这些不和谐的因素。毕竟他们正在甜蜜地恋爱着，浓烈的情感让她无暇顾及其他，而在内心深处，就算有一些担心，她也努力劝说自己应该站在小山这一方去理解他，因为他才是那个受了欺负的人。

在家暴的案例中，常常有很多一瞬即逝的线索。当你抓住了它，也许就能规避未来的痛苦。但说起来容易，做起来永远是难的，就如同娇娇的这次发现，它说特别也算特别，但若真正定性又非常困难，于是很容易就会放过。但从另一层面去理解，其实她也是想保留住内心那份纯粹的期待与幻想，期待对方是自己的理想爱人，幻想对方绝不是自己担心的那种人。

可惜的是，这样的幻想很快就会被打破。小山第一次对娇娇发了脾气就在不久之后。起因虽是一件小事，但在两个人你一句我一句的争辩里，小山的情绪越来越激烈，直到后来完全失控。他愤怒之下动了手，一个耳光抽过去，娇娇就倒在了沙发上，然后两个人就都呆住了。小山手足无措，不知道要怎么解释。而娇娇半天都没缓过神，只有眼泪止不住地流。哭泣在这个时候并不完全代表难过，更多的还是困惑和恐惧。娇娇如同小山一样不知道发生了什么，但她内心的某一处阴影仿佛被激活了，让她在那一刻陷入了深深的惧怕当中。

事情最终还是以小山多次的诚恳道歉而告一段落，娇娇也暂时原谅了他。也许是因为这段情感太难得，让她想断也舍不得，于是纠结再三之后，她还是决定给小山一次机会，而这次机会就让他们走到了更为紧密的联结——结婚。但正如我们不愿见到的那样，婚后的日子只短暂平静了一阵，很快家暴就再次上演了。

我也被伤害过

小山是深爱娇娇的，这一点他从没有质疑过。但当他动过几次手之后，他对这样的自己却无法解释，好像这个自己完全是陌生的，他就如同一个魔鬼，既冰冷又残酷，完全不顾及给爱人带来怎样的伤害，甚至当他做出暴力的举动时，都会隐隐地感受到一种久违的释放。而这，让小山感到太恐惧了。

他对咨询师说："我这是怎么了，我很肯定自己并不是一个暴力的人，之前也有情绪激烈的时候，但我都能控制住，可不知道为什么，在我们之间我就变成了一个根本不能自控的人，我那么爱她，却能毫不留情地伤害她，这太可怕了。"小山一边说着一边低下了头，身体微微地抖动着。

咨询师充分感受到了他的情绪，但他更敏锐地捕捉到小山异样的身体语言。仿佛那个承受暴力的人并不是他的妻子，却是他自己。他正在变成一个无助弱小的孩子，恐惧着将要发生的伤害。当咨询师将这种观察反馈给了小山，他再也控制不住自己的情绪，歇斯底里地痛哭起来。他哭了很久很久，整个人无比地悲伤和难过，好像压抑了这么多年的痛苦终于被允许释放出来了。而当他慢慢地平静下来，他才艰难地说：其实，我也被伤害过。

小山出生在一个非常贫穷的地方，那是个只有十几户人家的村子。因为地处高山之上，交通闭塞，所以村子的发展非常缓慢，基本都靠自给自足。这样的环境让当地人有些与世隔绝的味道，仿佛和现代的社会是完全脱离的。于是当有些人从大山里出去了，也就很难再回来了。

小山的母亲就是其中一个。她是当年知青下乡分配到这里的，那时的她刚刚从大城市里出来，整个人还带着冲动、激情和理想，而那么壮丽的自然风景，也恰恰契合了她当年无比兴奋的劲头，让她一想到自己要为祖国的大好河山做贡献，内心就充满了自豪。

可常常美好的东西，都容易转瞬即逝。小山的母亲在那么美丽的风景里，开始慢慢感受到许多无法适应的部分。因为当激情退却后，真实的东西就开始呈现了，她意识到自己好像被困在了这里，但又无法回去，于是整个人一度陷入了抑郁。

小山的父亲就是在这个时候出现的。他是本地人，当地仅存的几个年轻人之一。因为需要有人指导知青，所以他也陪着他们一起在大山里开荒种地，一来二去他就喜欢上了小山的母亲。尽管他们的身份、背景都相差很远，但在那个特殊的年代里，也总是能催生出一些特殊的情感来。尤其小山的母亲正处在非常艰难的时刻，所以此时的情感来得恰到好处。

总有一些关系会被称为悲剧，尤其一些明明就是错位的感情。小山的母亲在怀了小山之后，才得到了可以回城的通知。可那个时候她已经和小山的父亲在众人的见证下结了婚。于是为了孩子她不得不继续留在大山里，直到小山出生一年之后。

如果我们换到当年的视角，其实能够想象小山的父母在彼此的关系中承受了多少压力。父亲是爱着母亲的，但他无法只凭借自己留住她的心，毕竟两个人的差距实在太大，如果简单的理解就是观念、思想、见识上都有不同，但从更深的角度去看，其实是“我是一个什么样的人”和“我要成为一个什么样的人”的根本分歧。在这一点上父亲是非常自卑的，就算用孩子勉强留住了她，内心里也充满了担心和忧虑。而小山的母亲，心情就更加复杂了。当她成了家有了孩子，从一个女人转变到了母亲的角色，她本应担负起对这个家和对孩子的责任。但如果排除这层身份，只看自我的感受，她的内心却是五味杂陈。

在小山的记忆里，母亲的印象非常模糊。他只是记得她只在看自己的时候会露出笑容，但更多的时候眼神里充满悲伤，尽管小山那时只是个孩子，读不懂更深的情感，但他也能体会出，那是一种解不开的东西。

母亲最终还是离开了，抛下了他和他的父亲。虽然父亲有心理准备，但这一刻真正来临的时候，他还是没有办法接受。在小山对于当年的回忆里，那天父亲将自己喝得酩酊大醉，足足躺在床上三天，但醒来之后就仿佛这件事没有发生过，继续埋头干活，日子又恢复了平静。

有一种平静，内里隐藏着巨大的颠覆，小山家就是如此。在外人看来这个家只是少了一个人。但小山知道，他们再也回不去之前的生活了。因为父亲变得少言寡语、脾气暴躁，并且连看都不愿意看他一眼，仿佛小山是一个多余的人，根本不应该出现。尽管他也照顾着小山的基本生活，但小山是不敢多说什么的，因为一旦惹到父亲，他就会暴怒，然后等着小山的，就一定是完全没有控制的暴打。在小山的记忆里最深刻的一个画面就是：有一次他出去玩回来得有些晚，父亲就将他整个人绑在凳子上打，直到棍子都被打折了，他才住手。而此时的小山早已经伤痕累累，昏过去了。

在那个年代，似乎还没有家暴这一说。或者就算存在，那么偏僻的村子也完全不会被这样的信息所影响。在某种程度上，山村不仅隔绝了地域，更隔绝了不断向前发展的文明。村子的封闭，让他们仿佛停留在封建社会里，而孩子在这样的“社会”显然是不会得到任何尊重和权利的。所以小山的遭遇，并没有得到一丝一毫的同情和保护，反而总会有人来劝小山应该懂事一点，不要让父亲操心，毕竟他独自撑起这个家不容易。

后来的小山在十五岁时就离开了家，应该说他是凭借一种对于危险的嗅觉和时刻保持顺从的方式挨到了这个年纪。但当他终于可以离开大山，离开父亲，离开这个令人痛苦的地方时，他也如同母亲一样，再也不想回头了。

此刻的小山说到这些时，眼神里充满了悲伤的泪水。他说："原本我以为自己忘记了，忘记了我从哪来，经历过什么，或者有过那样的一个家庭。但可能，我从未真的忘记过。"

意识与无意识的偏差

每一种行动，本质上都是想表达一些东西。只是因为无法用语言来呈现，才使用的另一种方式。而暴力，则是行动中非常特别的一部分。因为它一方面简单、直接，会被本能冲动所驱使，无须控制和压抑。另一方面却恰恰带有相反的功能，它能够帮助一个人掩饰很多自己不能也不想去面对的部分。

比如小山父亲的家暴，就有这样的意味。

当他对小山几乎是毫无控制地下手时，我们能体会到的是一个已经放弃控制自己的人。似乎只有这样，他的愤怒才能在小山身上得到最大限度的释放。但他的愤怒是什么呢？显然与小山无关，而是另一个引发他强烈情绪却又根本无法面对的人——小山的母亲。孩子不过是一个替罪羊，替了在他心里被妻子无情抛下的愤怒与怨恨。作为一个弱小的孩子，在强有力的父亲面前毫无抵挡之力，而作为他的儿子，似乎他也有资格如此对待他。于是当这几个条件都成立时，一场不会被质疑的暴力就这样开始了。

在家暴中，我们总会存在一种疑问：当暴力者这样做，他是否已经对被施暴者毫无情感可言？这个问题非常关键。因为家暴之所以会反复进行，其中一个很重要的因素就是：被施暴者的原谅。这种原谅总是令旁观者感到无奈，因为看起来他已经饱受伤害，却依旧能做出将自己再次置于危险境地的决定。可这种原谅也不是没有原因的，至少它是建立在施暴者理智回归之后的痛苦与悔恨之上的。也就是说，施暴者常常在冲动之下做出毫无控制的暴力行为，但在他释放之后，仿佛才意识到究竟发生了什么。这里面似乎存在一种意识与无意识的偏差，令人难以确定是否就是纯粹的欺骗。

就如同小山的父亲。当他发泄之后，他也对小山身上的伤痕触目惊心，同时也会非常痛恨自己对孩子下这种没有控制的狠手。他甚至会哭得无比难过，仿佛他才是那个受伤害的人。而接下来的几天，他都会祈求原谅般地对小山加倍补偿，弥补他造成的伤害。所以，能说他对孩子完全没有情感吗？好像也不是。只是在失控的那一刻，这个理智的父亲就消失了，恶魔却出现了。

我们无法定义是否所有的家暴都是如此。但的确有一种类型就是这样的状况：家暴者存在理性和非理性的两面。理性我们可以定义为“意识”，非理性可以定义为“无意识”。那么我们就通过这个例子来试着解释意识与无意识的偏差是怎么造成的：在小山父亲的意识里，他希望忘却情感所带来的所有伤害，所以他躺在床上三天之后就立刻恢复了原状。“一切仿佛都没有发生过”，这就是他在意识层面给到自己的要求。而当在外人看来这个家只是少了一个人，那么在他的意识里一定也是希望做到这一点的。但在他的潜意识里，却压抑了各种无法消化的情感。如被抛弃的愤怒、被离开的悲伤，还有一个城里人最终离去所引发的对自己身份的强烈贬低与自卑。当这些情感都如滔天巨浪般涌过来时，他整个人只有被淹没的可能，毫无挣扎之力。

人们常常觉得自己的感受、想法、行为都是意识层面能够感知和控制的，但实际上，潜意识才是真正的掌控者。它会在你无法面对的时候试图帮你隔离，却也会在你根本控制不了的时候找机会替你释放。因为当一些情感严重超过了自己所能承受的程度，就一定需要“放出去”才能保证内心平衡。于是偏差，就这样造成了。

偏差的出现，会令人非常困惑和冲突，就如同被施暴者所感受到的那样，一方面是：“他其实并不想这样对待我，只是一时冲动。”而另一方面则是：“他根本无法控制自己的冲动。”后者让人绝望，前者却又容易燃起希望。于是两者之间无法调和的矛盾，就会令人非常痛苦。而对于一个还难以分辨情感的孩子而言，这样的判断就更难了。小山面对父亲偶尔的补偿会心生幻想和渴望，因为他本就失去了一个最重要的人，难道还要接受唯一的家人会如此对待自己？于是，他只能将这痛苦的现实在内心里变了个定义去逼迫自己接受。比如：父亲这样教育我，其实是因为爱我。如果我乖乖的，他就不会这样对待我了。

因为只有如此，他才能保证自己活下去。

施暴的传承

小山初中毕业就彻底离开了家乡和父亲，甚至在意识层面，他都主动屏蔽了曾经的生活。当别人问起他从哪里来，家庭是怎样的，他都直接回答说：我没有家。如此干脆果断，就好像完全斩断了和之前人生的瓜葛，自此打算开启新的人生了。

也许有些事只有隔离，才能生活，尤其这些事如同一团乱麻无法理清时，就更需要暂时隔开它，小山就是这样的感受。他无法回忆过去、回忆父亲，因为那些记忆里都带着惨痛的东西，甚至偶尔它们出现在梦里，都会让他浑身疼痛，好像就算他选择忘却，身体也会替他记住，这样的感觉实在太可怕了。于是小山再也没有联系过父亲。十几年过去了，他都已经慢慢适应了自己的新身份、新人生，甚至新的感情与婚姻。但暴力的再次出现，让他不得不回顾过去，因为他怎么都没想到，这一次暴力的执行者是自己。

许多人问，暴力是否有基因的缘故，比如上一代是这样，这一代也可能是这样。这点我无法肯定回答。但我能回答的是，暴力对人所产生的心理影响，才是传承的主要因素。比如：恐惧。

暴力最直接引发的就是恐惧，这是人的本能反应。因为当人遭遇到身体上的伤害，就会在心里留下印记。这种印记本质上其实是一种保护，记下它是为了预防未来再次遭遇伤害。但可怕的是，印记——也就是恐惧本身，常常却会带来比真正的伤害更加糟糕的影响。因为莫名的伤害，会给人带来一种无法预料的危机感，只有时时保持警惕的心房，才可能规避风险，于是恐惧就变成了如影随形的东西。

而当一个人太过恐惧，他就会想办法去控制，但对遭受过暴力的人而言，暴力无疑是他学到的唯一且最好用的武器。只有制服对方，让对方害怕，自己也就不怕了，于是暴力就这样被传递出去了。

例如娇娇和小山之间的吵架，其实并没有实质的内容。但吵架本身引发了小山的恐惧，这种感觉是如此地熟悉，熟悉到他的身体都开始出现反应。而那种反应促使了他必须得做点什么，才能控制住，于是他的巴掌毫无预兆地扇过来，暴力就在这一刻无可避免地再现了。

恐惧是一种，而另一种传承因素则更为重要，那就是爱。

暴力与爱，原本是没有理由被连接起来的。但对于遭受家庭暴力的人，却不得不扭曲地将两者结合，因为只有这样理解，他才能让自己活下去。比如小山，他唯一的亲人就是父亲。至少相对于母亲，父亲还没有抛下他。这在一个孩子的眼里就是爱自己的表现。而另外，当孩子没有父母的爱，他是无法活下去的。这不仅仅意味着基本物质生活的满足，更是在心理层面上，爱才是一个孩子成长起来的最重要条件。因为只有在父母的眼里看到自己，我们才会建立自我的最初影像。而这个自己是什么样的，也取决于他们如何对待我们。简单来说，他们爱我们，我们也就爱自己。若他们不爱，我们都无法感知到自我的存在，活着也会变得没有意义。所以爱，无比重要，它会是一个人拼尽全力也想得到的东西。

所以就算暴力，也会被解读成另一种关爱的形式。因为只有相信对方是爱自己的，自己才会值得活着。只有认为这种伤害并不是对方的错，而是自己的缘故，才不会彻底绝望。暴力与爱，就这样被紧密地连接在一起了。

所以小山内心对爱的解读，就势必不同于其他人。即便意识里他是远离暴力、惧怕暴力的。但在无意识里，暴力与爱有一条特殊的通道，“我这样对待你也是在表达我对你最强烈的情感与关注”。于是暴力在这一点上就得到了自我的允许。这也能够解释为何小山就算意识到“不应该这样做”，但屡屡将自己和对方处在如此的局面里，无意识的动力显然起到了更重要的引领。

被施暴者的动力

家暴是一种行为，它背后的关系类型却是多种多样。我们不排除有许多被施暴者都无力为自己做主，只能任由施暴者来掌控，而这里自然有很多值得探讨的部分。但我们更想谈谈另外一种，一种能够为自己做主，但依旧选择留在家暴中的人群。因为显然他们的选择里，还有一部分更深的动力。

娇娇就有这样的表现。当她被第一次家暴后，其实完全可以全身而退，她却在纠结之后选择了结婚。就好像一种非常明显的信号在提示她“这个人也许有家暴的倾向”，她却选择忽略了这个信号，就如同她最早发现小山的“异常”愤怒之后的处理方式。那么，她是怎么想的呢？

也许一部分人会给出这样的理解：她太爱这个人了，而爱的比重太大，失去爱的痛苦就可能比被伤害还要来得糟糕。于是，这就会促使她做出这样的选择。而另一部分人可能会说她自作自受：因为明明看到陷阱还要往里面跳，这不是自己找虐受、找罪遭，又怨得了谁呢？这两种理解其实都会触动我们，因为这的确就是被施暴者的艰难处境。一面是爱、一面是痛，要得到爱似乎就要忍受痛，要避免痛却也会失去爱，如此的冲突是多么折磨人的境地。

如果我们不从精神分析的角度，似乎以上就足以解释被施暴者选择原谅的理由。但其实这仍旧是一个令人难以理解的困境，毕竟安全是第一位的，没有人会愿意在惴惴不安中生活，当你的基本生存都面临威胁，还要怎么谈爱呢？所以，一定有更深层的动力在促使被施暴者，让他们肯做出这样的选择。

而娇娇的原生家庭，就是我们探索的答案。

在她的父母之间，其实也存在家暴，或者更准确地说，是两个人始终无法解决的情感冲突。娇娇的母亲是一个大学教师，外貌、气质都非常出众，当年在学校里也是男生们心中的女神。但经她千挑万选出来的男友，相恋不到一年就出了轨，这件事让她一蹶不振，自此始终单身。后来年岁越来越大，实在拗不过父母就去相亲，这才遇到了娇娇的父亲。虽然看起来这段关系有被催促的成分，但实际上娇娇的父亲各方面条件也都不错，至少与当时的她是非常匹配的。

如果情感也能按照条件来匹配，事情就简单多了。可惜现实并非如此。娇娇的父母并没有深厚的情感基础，而完全是到了年岁必须做出的选择。虽然他们的个性看起来都很温和、好相处，但这不过就是表面，实际上两个人都有非常强势的一面，一旦出现分歧，谁也不会让步于谁。

而他们之间更强烈的冲突出现在娇娇出生之后，那不过是他们结婚的第二年。虽然有了孩子，关系理应更亲密，感情也应该更深厚，但事实却不是这样。恰恰因为孩子，他们对彼此的期待和要求都变得更多了。谁都希望对方能做得多一点，担起更多对孩子的责任，而这种期待里却没有丝毫体谅和妥协，于是两个人之间的矛盾和冲突就变得越来越剧烈。可以说自娇娇记事起，他们就没有和谐相处的时候。尽管没有到动手的程度，但彼此在言语和态度上从未少过对对方的嘲讽和贬低。于是在娇娇的印象里，这个家没有过平静，而是永远充满着暗流涌动的怨气与攻击。

一般来说，孩子天然就有一种动力，要去平衡父母之间的关系。因为若不这样做，她就会担心这个家散掉，而自己会被父母抛弃。娇娇就是这样，因为她每天感受到的都是他们对于彼此的愤怒与嫌弃，这让她始终觉得，假如有一天她从学校回到家，看到他们不在家里，也许就是他们分开了。于是小小的她，内心就充满了恐惧。而为了避免这样的恐惧发生，娇娇做了很多努力。比如在母亲面前说父亲的好话，也在父亲面前说母亲的温柔，在能做到的范围内，她几乎竭尽全力。

可惜这一切毫无意义，因为他们终究忍无可忍，将离婚问题放到了台面，而这让娇娇在又气又急之下，生了病。我们不得不承认，转机有时就是在偶然下发生的，因为娇娇生病，父母的离婚反而被搁置了，也许孩子在父母的眼里依旧是重要的，也许他们原本就没有想好是否真的离婚，但无论怎样，至少离婚这件事，被暂停了。

有一种动力叫作：只要父母都在，我甚至愿意牺牲自己。娇娇的无意识就开始呈现这样的动力。自那次后，她三天两头生病，整个人变成了一个“病恹恹的孩子”，没有生机、活力，也完全不像其他的孩子那样愿意出去玩、交朋友，而是每天都窝在家里，总说自己不舒服。父母一开始也努力地照顾她，但在这个过程里，他们的冲突再次出现，仿佛孩子并没有让他们放弃争斗，却因此发现了彼此更多的问题。

于是，娇娇的父母最终还是离了婚，在她十几岁的时候。娇娇跟了母亲，离开了父亲。尽管她非常痛苦，无法接受这个事实，但残酷的结局意味着，她根本没有改变这个结局的能力。

在我们的身边，其实有无数这样的例子。尽管两个人结了婚生了孩子，但依然无法让这个小家庭处在稳定、和谐之中。矛盾、冲突、动荡不安，甚至最终还是会走到离婚的地步，这一切都仿佛在历劫。但其实影响最大的并不是双方，而一定是那个处在夹缝中的孩子。因为父母终归是成年人，他们有能够承担生活变故的能力，可孩子却没有，他的全部就是这个家。而更令人难过的是，在这样的变故中受到创伤的孩子，他一定会留下这部分，一方面是因为他没有能力抹去，另一方面却更是一种强烈的心结，只能等到未来去化解，但化解的过程，却有可能让他再次遭遇创伤。

而这就能够解释娇娇的动力所在了。因为在她的经历里，有一个未完成的心结：她希望通过自己拯救父母的婚姻，也让自己不被抛弃。当曾经的她没有做到，并且因此带来了非常痛苦和恐惧的体验时，这就成为了她的未完成事件。而未完成事件对一个人的影响是巨大的，它就如同一个始终没有被满足的需求，成为固执的心结。直到遇到类似的情境，能够启动深藏的愿望，那么，哪怕因此冒着危险，她也会执意去完成。

所以小山与她之间的争吵，以及无法控制下的暴力举动，都触发了她当年的体验。虽然父母并没有达到身体上的暴力，但他们长期对立的言语、态度、一触即发的愤怒，以及由此引发的惴惴不安的氛围，却早已种在了娇娇的内心深处，那是她最熟悉不过的。当年作为一个孩子，她是无力的，如今换成了妻子和爱人的身份，这却是一个新的机会，可以实现当年的愿望。如果她在这段婚姻里耐受的时间更长，甚至可以执着地守住这段关系，那么似乎就拯救了当年的自己。

即便这样的拯救，是以现实中的巨大伤害为代价的。

重复命运，是与父母的无法分离

我们无奈地看到，在小山和娇娇的家暴模式里，其实隐藏着两个家庭的过去。一个是父亲无法控制的暴力发泄，另一个则是父母之间无休无止的冲突。虽然那都已经成为过去，甚至对小山来说，他已经彻底将父亲排除在自己的人生之外，但可悲的是，似乎那一页并没有翻篇，而是隐秘地跟随着两个人来到了他们的当下，且以重复的方式再现了。这就仿佛曾经在他们的生活里占据重要位置的人，并没有真的离去，而是依旧存在于他们的内心。

小山问咨询师：“我那么恨他，怎么可能跟他一样？我是一直想忘记他的。”

咨询师看着他，慢慢地说：“虽然你恨他，但他对你来说也许很重要，让你虽然想忘记，但对忘记本身充满了内疚。”

小山听到了咨询师的解释，久久没有说话，等到他再次开口时却泣不成声。他说：“其实我总能梦到他，梦里的他还是我小时候的样子，冲着我笑，陪着我玩，而我每次都是哭醒的。也许他确实是我最重要的人，我是恨他那样对待我，但他毕竟是我的父亲。当年母亲就抛弃了我们，后来我又抛弃了他，他得多伤心、多难过。”

在小山的内心，对于父亲的情感其实是非常矛盾的，一面是恨、一面是爱。这源于父亲在他面前呈现了两种形象。一个是“滥用暴力的坏父亲”，让他感到恐惧、无法控制的人。于是意识告诫他要远离这个人，只有如此方才安全。但另一个则是“温柔的好父亲”，那是之前的一切还没有发生时的样子，让他感到温柔可亲的人，但他只能压制在潜意识里，以梦的形式去贴近这样的父亲。前者让他因恐惧而变得无情，后者却让他因思念而深感内疚。而正因为他无法整合这两部分极致的情感，才会让自己的内心充满了痛苦和冲突，甚至因此做出许多自己都无法自控的行为，因为这些，正是无意识制造出来的认同。

比如暴力，这是他选择和父亲一致的地方。比如因为暴力而让彼此深陷痛苦之中，这使他让自己不能在婚姻中得到幸福，因为如此也如同背叛了父亲。比如因为暴力他可能面临失去，在这一点上同样类似于当年父亲被抛弃的境地。似乎只有让自己过得不好，才可能避免对父亲的内疚和伤害之心。同时也在情感上无限接近父亲，没有分离。

小山是这样，娇娇未尝不是。当她选择了和小山在一起，似乎就是将自己置于危险和被虐待的境地里，重复着当年父母内心的痛苦和愤怒。在这一点上，她不仅回到了当年作为孩子的体验，更升级到父母身上去经历他们的苦痛与彼此折磨。因为只有这样，已经长大成人的她，才能再次无限地接近父母，没有分离。

我们可以不带伤害地相爱吗

有一种爱，叫作虐恋，小山和娇娇就是如此。也许最初吸引他们的并不是这个，但随着彼此相处得愈加亲密，某种更深层的东西就出来了。那既是阻止他们毫无保留爱着对方的障碍（暴力将彼此推得更远），却也是吸引他们融合在一起的动力（暴力也满足了彼此的需要）。于是，这种奇特的关系模式就形成了。

但对于他们来说，这一定不是出自本愿。也就是在意识层面，他们都能感受到深深的痛苦。小山为自己的失控和暴力感到内疚和羞愧，娇娇也为自己不断地耐受痛苦而感到愤怒和卑微，他们都在这个过程里，无法接受这样的自己。

小山困惑地问咨询师："我们还可以不带伤害地相爱吗？"咨询师非常郑重地回答他："只要你们愿意。"

这样的对话看似没有意义，却蕴藏着最大的意义。因为这个问题不仅是困惑，更是一种担心。而咨询师接收到了这部分，才给出了肯定的回应。因为无论有多难，选择都一定掌握在他们的手里。即便原生家庭是无法选择的，曾经的经历也无法选择，他们却可以为自己想过怎样的人生做出决定。

小山和娇娇，最终决定分别进行心理咨询。因为在他们的过去里，都藏着太多没有被看到的伤痛，那些伤口并没有愈合过，只是因为太久、太深又太痛，所以就被隐藏在内心的某一处角落里。而正因为是在亲密关系中受到的伤害，才会在再次进入亲密时被痛苦地触发。也只有勇敢地面对它们，才能得到真正的治愈。

我们无法得知，最终他们是否就可以做到毫无障碍地相爱了，因为这对于任何人都不是一件简单的事。但值得庆幸的是，他们都能意识到并渴望从被迫的冲动中走出来，去活出另一种自己想要的人生。当这样的愿望足够强烈，他们就能做出新的选择。而非完全被潜意识留存的愿望所带领，一遍又一遍地重复着曾经孩子时的内心体验。

我想，他们终究会好起来的。

孩子成为母亲的情绪垃圾桶

咨询室中的场景

在咨询室中常常会发生各种各样的事。虽然我们只是“谈话治疗”，貌似语言是唯一的沟通方式；但许多人不知道的是，其他方面的信息有时会成为更重要的材料，帮助我们理解来访者的身上到底发生过什么。

来访者小齐，此时就正在咨询室中上演着他常见的一幕：他从进来开始就喋喋不休地说着，从各种烦恼、焦虑，到他最近的复杂感受、生活细节，没等咨询师开口，他就自己包揽了所有的对话。眼看着时间就要过去了，咨询师想要说点什么，但就是这样的一刻小齐也没给出空间来，最终他说了句再见，就离开了。

咨询师观察到，这已经是这两个月以来的常态了。每次小齐都准时到，几乎将时间掐到一分不差，而进来就开始惯例地说话，直到最后一刻。虽然他根本没有抬头看过表，却仿佛有判断时间的能力，等到快结束，他就会用一两句表达结尾的话点题，比如：我最近就是这样的状况。或是：大概就是这样了，那我们下次再聊。似乎连咨询师常说的结束语都抢走，然后他就可以安心离开了。

来访者喜欢占据主动，这是咨询中常有的状况。而他们原本就是谈话中的主角，这本身也符合规则。但小齐的表现有些特殊，他好像根本看不到咨询师的存在，或者他并没有将咨询师当成另外一个人，因为一个人若觉得自己正在和另一个人谈话，就一定会给对方表达的空间，但小齐完全没有这样做。甚至，咨询师对此更特别的感觉是：他好像都没有把自己当成活生生的、具有情感的人，而更像是一个只是具备倾倒功能的容器，比如：垃圾桶。

在咨询中非常重要的一部分就是：我们需要去感受、体会以及理解来访者表达了什么。而感受的方式之一就是体察我们自己的感觉。因为当两个人在接触和交流，彼此都会接收来自对方的信息，这些信息中有一些是直接表达出来的，另一些则可能通过其他方面无意识地传递。前者非常重要，这是来访者想要与我们探讨的部分，它往往是他们面临的显而易见的困境。后者却更为关键，因为潜意识里常常隐藏着更多没有被觉察的部分，但它们可能是真正的始作俑者。

小齐的问题正是这样。他来咨询的原因就是人际关系很差，他没有朋友，同事们远离他，领导也不待见他。尽管工作能力非常强，但他并没有因此得到更多的机会和赏识，反而在工作和生活中都举步维艰。他是希望通过咨询得到解决的，也在每一次咨询中都事无巨细地表达着自己的困惑与困境，但他并没意识到，其实更重要的信息已经从另一个渠道、另一种方式传递出来了。

当这样的状况进行到第九次，咨询师说出了自己“被当成垃圾桶”的解释，于是小齐终于停了下来。虽然有些东西仿佛被戳开一般地难受，但他同时也松了口气。他说：“我确实没把你当成有情感的人去对待，或者不仅如此，凡是我遇到的人，我都不想这样做。也许，这与我的经历有关吧。”

情感，是一种负担

小齐出生在一个知识分子的家庭里，父母都是老师。父亲是教数学的高中老师，而母亲则在小学教语文。这样的组合初听起来非常令人羡慕，因为既属同一个职业，内容又互补，这样的一对在外人的想象里，应该是琴瑟和鸣的。但只有小齐知道，现实与想象总是相去甚远。

小齐的父亲用现在的话说是典型的理科男，非常热衷于理论研究，他在学校里当老师其实是不得已而为之，能做专业研究才是他的梦想。但家里没有这样的条件供他读更好的大学，于是他被迫选择了教师这一行，内心是始终郁郁不得志的。而母亲的背景则更加复杂，她的家庭条件一度非常好，因为父母都是做生意出身，家境很是富裕。虽然兄弟姐妹不少，但家庭条件让他们相比同龄人能得到更好的教育机会。只是可惜到了母亲（她是最小的孩子）这里，父母做生意赔光了钱，导致家境迅速衰落下去，于是她就没有那么幸运了，只能依靠自己勉强上了一个不起眼的专科学校，毕了业就更加勉强地到了一所小学当老师。

小齐的父母能够走到一起，其实并非易事。因为尽管母亲家道中落，她的家人对她选择一个怎样的对象还是要求严苛。他们希望她能有更好的选择，而不是像小齐父亲这样家境非常贫寒的人。一方面两家并不匹配，另一方面选择谁，其实也就意味着选择了怎样的生活，而他们显然对这段关系可能造就的未来并不看好。但小齐的母亲非常坚持，也许是因为她和家人的关系一度搞得很僵，这让她的心更倾向于小齐的父亲。也许是因为在他的身上，她看到了某种与自己类似的心境：心比天高，却郁郁不得志。

他们最终还是突破阻力结了婚，而婚后的第二年就有了小齐。小齐刚刚出生的时候，其实一切都还不错，因为三口之家的日子尽管不算富足却温馨，而他们的职业也没有太多压力，这给他们和孩子都带来一段非常美好的时光。但随着小齐的长大，这一切就开始慢慢发生变化。

首先打破这种美好的，就是避不过去的婆媳矛盾。因为要帮他们看孩子，小齐父亲就将他的妈妈接过来和他们住在了一起。在如今的年代这样的事情并不奇特，毕竟每个小家庭都有许多现实中的为难之处。但在十几年前，这却并不是必然选择。于是两个人为此发生了许多争执，但小齐的父亲异常坚定，他最后拿出的理由是母亲养大自己非常辛苦，他想好好孝顺她。这让小齐的母亲无话可说，最终只能无奈地接受了。

被无奈接受的事情，常常就是问题埋下的伏笔。小齐的母亲和婆婆根本无法相处。因为婆婆是个非常爱埋怨的人，什么不满意都要说一说，对于孩子的管教更是习惯按照自己的方式来，这让小齐的母亲感到非常不舒服。于是她们之间从一开始隐忍，到彼此冷嘲热讽，再到最后的剑拔弩张，关系已然势同水火。

其次，就是夫妻之间的分歧开始展现。小齐的母亲对于情感的理解和期待都更高一些。在她的想象里，爱人应该是一个能够理解自己、愿意拿出更多时间来陪伴自己的人，那么即便没有特别成功和显赫的社会地位，也是值得的。但小齐的父亲，却完全是另一种类型的人，他只关心自己的理论研究和教学实践，在工作上的确做到了尽心尽力，对于生活却完全是忽视的，就更别提情感上的满足了。于是两个人之间就生出了不小的矛盾。

家庭中的问题，孩子常常是最敏锐的感受者，尽管这些问题可能并非与他直接相关。但对于孩子来说，任何一个威胁到家庭和谐与稳定的因素，都会引起他的担心和忧虑。母亲与奶奶之间的冲突在父亲那里也许还是层朦胧的纱，他却看得清清楚楚。而父亲与母亲之间的分歧虽然还算克制，在他的心里却为此惴惴不安，幼小的他尽管说不清楚，但能够捕捉到在他们之间有某种无法契合的东西，而这给他带来了一种强烈的危机感。

当一个孩子感受到家庭的危机，他会怎样做？显然，他会比家里其他的人更加急迫地想要去挽救。于是小齐努力想要做点什么，希望能通过自己去减少他们之间的冲突。比如妈妈与奶奶之间闹矛盾，他就会一边劝妈妈，另一边也劝奶奶。而爸爸没有时间去陪妈妈，他就会陪在妈妈身旁，让自己变得乖巧、听话，他觉得这样也许就会减缓妈妈的情绪。

孩子从自己的位置出来，换到了照顾父母的位置上，常常也是因为父母从照顾者的身份下来，变成了一个需要被照顾的人。小齐的母亲就是如此。她对丈夫的表现非常失望和沮丧，同时又很愤怒。仿佛自己当年的选择完全是错误的，而她不得不面对选择的后果以及因此远离原生家庭的懊悔。这些情感烦乱而又痛苦，一时让她无法消化。于是当孩子贴近自己时，她也就有意无意地将这些情感放在了小齐的身上。

其实在很多家庭中，我们都能看到这样的状况：当父母的关系出现问题，孩子就会在第一时间里填补进来。这既是因为孩子的担忧，但更有父母的需要在里面。就比如小齐的母亲，当她无法从丈夫身上得到抚慰和满足，却又很难做出放弃的决定，这种痛苦就只能自己来承受。而如果这时候有人站出来帮她承担，即便这个人只是一个孩子，她也会毫不犹豫地抛给对方。

而这，就造成了小齐的困境。因为他慢慢感受到，自己变成了一个被紧紧抓住的人，一个被随时倾诉的垃圾桶。母亲有难过的事跟自己说，有愤怒的事也跟自己唠叨，难过了他要去安慰，愤怒了他就去劝慰，虽然自己似乎变得无比重要，但另一方面，他却越来越难受。因为妈妈的情感，好像从父亲那里完全转移到了自己身上，重得简直要把他压垮了。

“情感对我来说，真的太可怕了。”小齐从回忆中走出来，仿佛仍旧心有余悸。

家庭纠葛之一：父母参与到孩子的家庭中

如果我们想要更深刻地理解小齐都遭遇了什么，以至于他会陷在如今的困境里，我们还需要对“家庭纠葛”试着做更多的探索。因为小齐遇到的状况，似乎再普通不过。毕竟每一个家庭都有或多或少的矛盾。他们看起来并没有过度明显的心理问题，而只是在相处中需要面对因为不同所产生的分歧。但实际上，普通只是一种表象，它掩盖和弱化了那些重要的心理现象与冲突，让我们的注意力更多放在显而易见的严重症状上，而忽略了所谓的“家庭内部纠葛”所带来的更大影响。

比如父母参与到孩子的家庭中，这就是一个特别的部分。

原本我们谈到的家庭，通常都是只有父母和孩子的三口之家。这样的结构简单而合理，父母各司其职，并且能够相互合作，以一个完整的建构行使着家庭的功能。但现实的局面常常更为复杂，因为某些不得已的原因，父母会无意识地将他们的父母邀请过来，参与到自己的生活里。这样的邀请本身就值得商榷，因为当父母的父母都进入到自己的家庭中时，每个人的角色和位置要放在哪里呢？父母还是家里的“掌权者”吗？还是他们的父母会越俎代庖，成为家里真正说了算的人？孩子需要认同父母，还是认同父母的父母？当父母来到了自己家，是否自己也变成了孩子，还能站出来担当起父母的责任吗？等等。

这一系列的问题显然非常重要，因为现实中正是因此产生了无数原本不该存在的冲突。比如小齐的母亲和婆婆，原本她们只是因为小齐的父亲而建立关系的，而这段关系也完全可以被限制在两个家庭之中，互不干涉。但当他执意邀请自己的母亲过来，就打破了原有的架构。那么接下来的一切，都会因此而错位。

首先原本父亲的位置就被婆婆取代了，因为自从婆婆出现，父亲就早出晚归，将精力更多地放在了工作上。“他为何让出这个位置”这是一个值得深究的现象。也许是妻子的要求让他无法满足于是选择回避，也许是母亲的出现让他可以放弃做自己孩子的父亲，而是重新回到了那个曾经只需要顾及自己的孩子。而深层的解释还可能是：他当年的父亲就无法担起责任，于是他也无意识地认同了父亲。总之无论怎样，他的确从这个位置上退了出去，拱手让给了自己的母亲。

其次妻子是非常愤怒的。不仅她的需求没有得到满足，反而将她“抛下”去独自面对婆婆和孩子，对于婆婆她需要应对，对于孩子她还需要照顾，原本可以两个人一起面对的状况，如今却只剩她自己。所以我们完全可以想象，此时的她会有怎样的心境。

而婆婆其实也不舒服。尽管她是被邀请来帮忙的，但在一个不属于自己的家里，她也不知道要如何定位自己。而一个人在陌生的环境中常常会有一种失控的感觉，因此就更需要“加强控制”来稳住自己的内心。于是婆婆就会事事发表自己的意见，甚至强势地按照自己的意愿去照顾孙子，似乎只有这样她才能感受到自己的存在。

那么孩子，又会经历什么呢？幼小的他无疑会面临更复杂的境地。首先对于一个男孩，父亲的缺位是非常糟糕的。他只能被两个母亲（婆婆也在抢夺母亲的功能）所围绕，而缺少对父亲的亲近与认同。其次当他感受到父亲的缺位给家庭带来的情感缺失，他就会无意识地“使用”自己去堵上这样的缺口。因为只有这样，这个家庭才能保全。但如此势必会让他从孩子的位置上走出来，过早地逼迫自己成长。并且因为他的成长是在承担两个人（妈妈和奶奶）的负面情绪，因此代价会更大。

家庭纠葛之二：两个女人之间的竞争

另一个值得探讨的部分，就是两个女人之间的竞争。

在婆婆与儿媳之间，似乎天然就存在着敌对关系。常见的理解是为了“争夺儿子／丈夫”才导致的。但从精神动力学的角度来看，这样的竞争最早的模版其实是“女儿和母亲”。也就是说，婆婆的加入，很可能激活了早年女儿对母亲的复杂情感，而当这些不能在自己的母亲身上去表达时，在婆婆这里却可以名正言顺。而对于婆婆，她的反应也同样是复杂的。一方面在无意识里，她很可能认同儿媳的投射，将儿媳“抛”过来的负面情绪再还回去，由此就实现了“敌意”的配合。另一方面，如果儿子在自己的心里几乎可以取代丈夫的位置，那么这也会让她对“抢走儿子”的人充满敌意。于是，竞争就这样形成了。

一旦争斗在家庭中出现，就没有人能置身事外。常常受最大影响的那个人就是儿子／丈夫，但若这个人是缺席的，那么孩子就会成为牺牲品。比如小齐，妈妈与奶奶原本都是照顾他的人。但在竞争中，“谁来照顾”“怎样照顾”却无形中变成了竞争的内容和筹码。于是，打着为孩子好的旗号，本质上却一定夹杂着愤怒和挫败情绪的照顾，就会全然被扔到孩子的身上，让他不堪重负。很简单的一个例子：孩子吃饭要吃多少，怎么来判断。如果只有一方，可能会根据实际情况来衡量。但若有两方在较量，双方就很容易被自己的竞争心和情绪牵着走，而不去顾及孩子的情况和感受。于是孩子真实的需要就没有人看到，而是完全变成了被拉扯和证明输赢的工具。

我们完全可以设想，小齐在这样的环境下内心会有怎样的感受：那是一种荒芜感，如同什么都没有。因为真正的他是没有被看见的，无论是在父亲、母亲还是奶奶这里，他的存在和需要都无法被真正满足。

而成年之后的小齐，他与人相处的模式中也充分暴露出这一点：看起来他的人缘很差，没有人喜欢他，接近他。但从另一面看，其实这也正是他内心的某种意愿，因为他也在主动远离人群，让人无法喜欢他，拒绝和人善意相处。那么这一切的背后，都可能有早年从家人这里得到的“对自我的定义”——你们并不喜欢我，也不想看到我。我不过是被你们用来互相攻击的武器。

既爱又恨的矛盾情感

在这里，我们需要谈谈小齐的母亲了。因为对小齐产生直接影响的就是她。一般来说，母亲一定是那个对孩子影响最大的人，这不仅源于现实中母亲更容易成为孩子的照料者，更可以追溯到早期与孩子的融合。而从心理发展来看，母亲与孩子的融合与分离，对于任何一个母亲来说都将是巨大的难题。

小齐的母亲，就面临这样的问题。她对孩子一定是爱着的，但这种爱，却以事无巨细的分享来呈现。这些琐碎又烦恼的分享，看似是“我和你亲密到毫无距离，才会告诉你”，本质上却也是和孩子之间的融合没有分离。就好像孩子仍旧在她的子宫里，是她个人的一部分，由此才会毫无顾忌地与他事事分享。而另一方面，这些分享，也可以叫作分担。在这个层面上，似乎小齐又担当了一部分父亲的功能，陪伴母亲一起分担她所遭遇到的艰难困苦。这也是一种爱，但这种爱本质上其实是依赖。

在母亲的眼里，也许这些都算不上问题。她只会觉得自己和孩子的关系是非常亲密的。但她不知道的是，“被这样的方式去爱”对一个孩子而言却会造成成长中的心理障碍，让他无法界定什么是爱，或者爱根本就是令人畏惧的存在，它只是一种自我满足的工具，以此为名就可以任意对待被爱的人。所以如今的小齐，对与人接近就充满抗拒，情感并非美好，反而是一种极具压力和令人恐惧的东西。

除了爱，其实我们还能解读到另一种更深的情感——恨。因为当一个人可以对另一个人任意妄为的时候，我们能感受到的就是“发泄”。似乎小齐的母亲在孩子身上，可以倾倒她所有的负面情绪，而完全置孩子的感受于不顾。也如同小齐在咨询室中表现出来的那样，他将所有的时间都紧紧抓在自己的手里，而根本不给咨询师表达的机会，就仿佛没有这个人的存在，或者咨询师在不在，都没有价值。如此的心境，仿佛复制了当年自己被这样对待的境地，只是那个对待自己的人，是本该最在乎自己的母亲。

她为什么会有恨？这是一个值得思考的问题。

我们常常说，母亲对孩子会有本能的爱，但除此之外，其实也会有真实的反面情感——恨。因为当孩子出生后，母亲就从之前被关注、被照顾的位置下来了，既是被迫，也是需要将这个位置转给孩子。但此时的内心却一定无法立刻适应，常常这种“被抛弃”的感受都需要更多的时间和家人的理解来帮助消化。如果这部分情感没有被接收和承担起来，就会让母亲处在愤怒和抑郁的状态，这一点就一定会影响对孩子的心态。另外，如果自己作为孩子时的经历是糟糕的，那么成为一个母亲，就会唤起自己作为孩子时的体验。当年自己没有被照顾到的恨，也会转到孩子的身上，让他感同身受。

而显然，我们知道小齐母亲的经历是有遗憾和无奈的，作为最小的孩子，她本该受到更多的关注和宠爱，却因为家境没落而独独让她被抛在其他孩子的后面，甚至连命运都因此被改写，那种难以言说的愤怒和不甘其实一直都在心里，从未平和过。

可悲的是，这些复杂的情感不仅让她无法过好自己的生活，更因为无意识的传递，而造成了孩子的创伤。

拒绝做受害者

当小齐和咨询师一起理出自己和家庭的头绪后，他很是怅然。然后他问了咨询师一个常见的问题：我该怎么办？

在咨询室里，这个问题是我们最常遇到的。好像来访者就是因为不知道要怎么办，所以才来向我们讨教。如果我们能给出一个办法，就能将他从困境中解救出来。可从另一个角度去看，当他将难题抛过来，却也意味着他放弃了自己思考和做主的权利，而是将这个功能外包给了我们。那么，他为什么这么做呢？

因为在他极力想“出来”的另一面，却是“并不愿意出来”。

在咨询中，我们常常会感受到来访者的内心冲突。或者说，他们正是因为无法统一自己意识与潜意识之间的矛盾，才来寻求帮助的。而小齐的潜意识里，就有相反的巨大动力，让他即便在现实早已变化的许多年里，在他明知道自己的做法不会带来一点好处的状态下，依旧维持着他不变的行为。所以那种“不愿意”对他来说一定很重要，也是他死守和保护着的部分。

可那是什么呢？

我们曾经这样理解关系：糟糕的关系也好过没有关系。而一段受害与施害的关系，就完全可以被定义为前者。它会给人带来极大的痛苦、创伤和由此形成的心理障碍。但从另一个角度讲，受害者之所以会停留在这个位置上难以离开，恰恰也是那种强烈的情感会触动内心，让人产生一种最为亲密的关联。用一句未必令人舒服的话来理解就是：我为什么不对别人这样，而要偏偏如此对你呢？所以，你显然对我很重要。

而这也就是受害者内心相反的动力来源，或者说正是当年那个孩子为什么会愿意主动接收母亲的情绪一样，都是他内心对于情感的强烈需求：就算你用这样的方式对待我，也好过不爱我。

可能会有人觉得，小齐已经选择了远离情感，这样不就形成了一种保护？但问题恰恰就在这里。无论小齐选择的是继续留在情感中深受其害（从前是现实，如今是想象。但想象对他来说如同真实），还是选择完全远离，都意味着他依旧停留在这个逻辑中。只有他真的愿意放下对母亲的爱恨纠缠，才会让自己重新定义情感的相处方式。那么反过来说，他的回避，其实也保留了和母亲当年的情感联结。

面对小齐的问题，咨询师这样回答了他："你可以不做受害者。不做受害者不意味着你背叛了母亲，如果她知道对你有怎样的影响，一定不会那样去做。情感有很多种方式，你可以选择你想要的那一种，也许这也是曾经的她想得到的。"

听了这番话，小齐从怅然中沉默下来了。仿佛一个真正的问题摆在他眼前，让他感受到了一种最深的触动。尽管他来咨询的目标，就是希望走出来。但在逐渐深入下去的时候，他才意识到内心有更加强大的阻止自己的动力。那是一种难舍的情感，虽然并没有以健康和舒服的方式呈现出来，但他一直觉得，自己只能得到这样的情感，只是值得被这样对待。而如今才发现，这一切可以不同。

他最终决定试一试，用孩子式的探索去重新发现这个世界和人。情感是不是一种负担，其实取决于在他的内心对于情感的理解。而当这种理解和体会发生了变化，他也就有机会去塑造一个新的人生。

我想，这一定也是他内心无比期待的愿望了。

离婚，是必然的归宿

母亲逼我离婚

有一种家庭关系是显而易见的糟糕，那就是父母会过度控制孩子，即便在孩子已经长大成人后，依旧强势进入他们的人生，替他们做主，甚至为满足自己的私欲，而破坏掉他们正在努力建立的生活。

小兰就在如此的境地里。

当她第一次来到咨询室，就无法控制自己的情绪。一边流泪一边诉说，而控诉的对象就是自己的母亲。虽然她对母亲一直都有怨言，但最近发生的事显然让小兰积攒的情绪完全被激发出来，让她再也无法忍受了。而这件事就是被迫离婚。

有一句俗语是：宁拆一座庙，不拆一桩婚。可见婚姻在人们心里被认真对待的程度。一般来说父母会是比孩子更坚持的人，除了传统观念，更因为在他们心里，每个人能走到婚姻的地步都不容易，放弃婚姻将意味着巨大的损耗，无论是物质还是情感。所以小兰根本没有想过母亲会如此强硬地要求自己离婚，甚至为此都到了歇斯底里、撒泼打滚的地步。

她对咨询师说：“我和他两个人其实还没想离婚，只是最近闹得有些不愉快，我们希望彼此能冷静几天，再来谈谈。可是我妈妈极力劝说我不要跟他在一起了。她数落出他好几个罪状，个个都是惹到她的。但这些罪状根本就没那么严重，我都没有生气她为什么会这样。我一说这是我们两个人之间的事，她就气得直哆嗦，然后就过来打我。后来看我没什么反应就坐在地上哭得歇斯底里，说这么多年养我有多不容易，让我在她和我老公之间做出选择。我真是拿她一点办法都没有。可是，我没法做选择啊。为什么要逼我呢？”

小兰说着，长长叹了一口气，神情里充满了无奈和痛苦。咨询师虽然没有说话，但他在小兰的叙述里听到了很多情绪：愤怒、悲伤却又无可奈何。尽管关于她，自己还没有了解得很细致，但仅仅从这一个特别的场景，他就嗅到了某种非同一般的母女关系的味道：那是一个有着极度控制欲的母亲和一个只能被迫屈从的女儿。

于是咨询师将自己的感觉告诉了小兰，而小兰听到这句话，眼泪再次无法控制。她说：“被迫的人其实不只我一个，还有我的两个姐姐。”

一个控制欲极强的母亲

小兰不是独生女，在她上面还有两个姐姐。而在那个已经实行计划生育的年代里，哪怕冒着被惩罚的风险也要连生三个孩子，常常有着显而易见的缘故：为了能生一个儿子。小兰的母亲也正是如此。但因为三个孩子都是女儿，惩罚的代价又过大，最终她和丈夫只能作罢。

一定要生儿子的家庭，我们不能确切地定义和评价它。但有一点则完全可以设想到：在这个家庭中的女儿，并不会受期待和宠爱。小兰和她的姐姐们就是在母亲的嫌弃和父亲的冷落中成长起来的，别说呵护与爱，就连基本的照顾都是缺乏的，似乎父母一看到是女孩，就再没有把心思放在她们身上。于是姐妹三个，完全算是在彼此的扶持下度过儿时时光的。

没有对孩子过多费心，并不意味着父母的矛盾就会减少。反而因为孩子的性别，让他们争吵的内容又多了一项。于是两个人三天一大吵、两天一小吵，吵到激烈时还会动手，这让姐妹三个总是感到非常害怕，因为不知道这一次又会发展到怎样严重的程度。

在一个父母频繁吵架的家庭中，孩子常常是不能幸免的。因为父母之间的争斗意味着他们没办法管理好自己的情绪，而孩子又是弱小无助的，就很容易成为父母发泄情绪的对象，而这就是姐妹三个感到恐惧的原因之一。但另一个更恐惧的部分则是：她们没法对这样的家庭充满信心，不知道他们的关系能维持多久，也说不上哪一天这个家就会分崩离析。

并不是吵架的家庭都不会长久，这要看吵架是沟通的方式，还是仅仅为了发泄情绪。小兰的父母就明显属于后者。于是孩子们的担忧终于有一天到来了，小兰的父亲在她十岁那年，以出去打工的名义离开了家就再也没有回来过。据后来别人说，他在外面又有了新家，也有了孩子，算是彻底抛弃了她们，不会再回来了。

尽管两个人在一起总是有冲突，但小兰父亲的离开，还是给了母亲一个重大打击，她的性格因此变得更加乖戾了。在小兰的记忆里，之后母亲的控制欲越来越强，在这个家里说一不二，所有的事情都一定要经过她的同意，一旦不如她的意，就会立刻大发雷霆。于是小兰和姐姐们在面对她时都越发谨小慎微，生怕自己做了错事。因为母亲暴怒之后的责骂是非同一般的，就好像她会将全世界最肮脏、恶毒的词语都统统拿来扔到她们的身上，这让她们感到无比恐惧和难以承受。

当我们试着从更深的角度去理解小兰的经历，也许我们可以做一个大胆的设想，若小兰的母亲到精神科去做检查和评估，想来她一定会面临不容乐观的结果。因为从失控的争吵到极度控制，再到愤怒到极致的发泄方式，我们似乎可以感受到一个接近偏执性人格的人，是如何对待她自己和亲近的人的。但如果她没有意识到，也不打算面对这样的自己，而只是选择一种更简单的方式——将控制的要求投射到孩子们的身上，只要她们是听话的，自己的失控就能控制在一定范围内，而不会发作——来对待自己的问题，那么显然这种痛苦就会被转嫁到孩子身上。

小兰和姐姐们就是这样长大的。于是在父亲离开那段略显黑暗的岁月里，她们一直惴惴不安地生活着，即便如此却也没有躲过母亲一再无法控制的情绪攻击。直到后来大姐出去打工，开始往家里汇钱补贴家用，母亲的情绪才一度有所缓解，也许是因为她意识到孩子们长大了，可以帮助自己分担了。

接下来的生活轨迹逐渐在发生变化，小兰和二姐也紧随大姐的脚步，来到了她所在的城市打工，之后三个人都逐步开启了自己全新的人生：谈恋爱、结婚，通过自己的打拼留在了这个城市。然后将母亲从村里接到了城市，与三个人轮流生活。

在外人的眼里，母亲显然是幸福的。虽然她没有儿子，却因为三个争气的女儿来到了城市生活。虽然有“被老公抛弃”的难堪经历，却也因为女儿而修补了曾经受损的自尊。在生活条件上，她更是得到了全然的满足，三个女儿从来没有亏待过她，一切所用基本都是最好的，这也足以让她在别人面前可以充分显示自己受重视的程度。所以当下的一切，已然算是她人生的巅峰。

可惜一个人内心的问题，是无法通过这样的满足来抹去的。相反，这导致了她的自我极度膨胀。因为当她被这样对待，就好像被放在了一个无比尊贵的位置上，能够成就那个想象中全能和非常有控制感的自己。但另一方面这样的感受也非常脆弱，它经不起现实的一点动荡，很容易就被削弱和打破。前者是她极力想维系的，而后者，就会让她想尽办法去避免。于是女儿们的生活，就开始随着她在“控制与失控”之间的摇摆，而陷入了旋涡中。

首先，两个姐姐的婚姻都不同程度地受到了母亲的干涉。大姐的性格原本温柔、内向，和丈夫夫唱妇随。但在母亲居住期间，她的各种挑剔、指责都指向了女婿，这让夫妻两个人生出了嫌隙，也因此有过几次争吵。很快，他们就走到了分居的地步。而二姐的婚姻问题也是在母亲居住时出现的。虽然她原本就性子倔强，夫妻二人也有过一些不大不小的冲突，但这些根本不足以成为离婚的理由。可在母亲的挑拨下，二姐最终也结束了婚姻。到了小兰这里，问题就变得更加凸显了。正如她所说，两个人之间并没有本质上的矛盾，只需要彼此给对方一些空间去缓冲。但在母亲眼里，他的存在已然成为问题，于是她想尽办法让他离开。甚至在劝说无效的情况下，还用威胁和撒泼的方式去逼迫，以求如自己所愿。

“她为什么要这么对我们，难道见不得我们过得好吗？！”小兰愤怒的眼神中充满了困惑。

失控，隐藏着什么

小兰的确说出了一个重要真相：母亲似乎真的无法接受她们过得幸福。或者说，当她看到姐妹三个都过上了幸福生活时，她的内心是极为失控的。因为那里面一直都隐藏着非常深重的情感：嫉妒、愤怒，更有无法控制的恐惧与担心。

嫉妒源于竞争的心理。因为曾经的她没有过好自己的日子，没有能将情感处理好，也因此遭到抛弃。于是当她看到女儿们都有一个忠于自己和爱护自己的人，那种失落就引发了强烈的愤怒与不甘，此时，“理应为女儿们高兴”的母亲身份退却了，一个想要和她们竞争的女人出来了。所以巨大的失衡感，就需要“破坏她们的幸福”来重新平衡内心。

愤怒则是真的愤怒，那是一种跨时空的重现。虽然女婿们并没有过分的表现，但在她的眼里，所有类似冲突性的语言都是一种侵犯与羞辱。这种感觉是如此熟悉，仿佛回到了当年和丈夫发生冲突的场面。但当年没有赢过的，却可以在如今实现。所以女婿们不过是一个载体，承载着她被压抑多年的愤怒。用一句简单的话来概括：她正在借用如今的他们，去惩罚过去的他。

恐惧与担心的则是“失去”。当一个人只能通过控制的手段去得到，她最害怕的就是有一天失去控制。所以女儿们的自由与幸福生活都让她有一种担心，担心她们迟早不是自己的了，也不会像如今这样对待自己。而只有重新将她们控制在手里，一切的情感都指向自己，这才会是安全的。就如同当年，就算自己不是一个值得依赖的母亲，却因为是她们唯一的亲人而“拥有着她们”。于是，只有破坏与毁掉她们的拥有，才会让她们重新成为“自己的女儿”。

一个怎样的母亲，才会这样对待自己的孩子？

答案是一个不成熟的母亲。而不成熟到什么地步呢？她的内心还停留在孩童时期。因为嫉妒与竞争、愤怒与惩罚、恐惧与控制，这都是我们比较原始的情感。它们从一开始出现就需要通过被看到、理解消化和容纳等阶段，而慢慢发展出成熟的自我与人格。但对于她来说，这个过程显然是缺乏的，或者也没有被成熟地对待过。因为从表现来看，她与女儿们之间仿佛对调了身份，她变成了那个“只会用撒泼打滚的方式来寻求满足”的孩子。并且只有孩子才会那么担心“你们不属于我”，反过来其实就是“你们不要我了”的内心投射。而当她只能采取激烈和破坏性的行为时，这就好像婴儿期的我们，因为没有被及时满足而去噬咬母亲乳头的愤怒与报复。

换句话说，在她的内心，当这些原始的情感都没有被好好地看到和对待过，她也就无法用成熟的方式去消化和转化它们，而只能停留在当年的心境里。

满足母亲的女儿

一段痛苦的关系，并不是一个人完成的。有控制的一方，就一定会有被控制的另一方。而之所以会形成痛苦，就是被控制的一方内心有着强烈的冲突，一面是极力想要摆脱，另一面则是有更强的留在关系中的动力。

小兰和她的姐姐们就是如此。即便对她们而言，那从来就不是一个理想化的母亲，甚至可以说算是一个极为糟糕的母亲。从一开始她就不期待女儿们的降生，出生之后也充满了失望和嫌弃，她和丈夫之间那没有控制的大吵大闹，意味着对孩子内心感受的毫不在意。而当丈夫离开后，她更是将她们当成情绪发泄地，没有丝毫顾忌。如今，即便女儿们都努力去照顾她、满足她的要求，她却能随心所欲地破坏和毁掉她们的亲密关系。这样的母亲在女儿们的眼里，显然不是她们所期待的。

但就是这样的母亲，女儿们似乎也无力反抗。她们一边为自己的失去而痛苦，另一边却依旧顺从母亲的意愿，就算小兰在愤怒之余也充满了无奈，仿佛她的愤怒刚出来就被另一种力量强摁下去，但那种力量同样出于自身。

因为仍旧是那句重要的结论：即便是糟糕的关系也胜过没有关系。从前母亲对她们是冷淡的，有时仿佛根本看不到她们的存在。似乎她们对她来说并没有意义，却是一种负担。所以她的情感一直都是排斥、厌恶和嫌弃的。但对于女儿们，她们却和其他的孩子一样，深深地渴望着来自母亲的爱。哪怕这样的爱没那么深刻、没那么稳定、持久，甚至都可以不是美好的，但只要从她眼里看到了自己，这一切就值得。所以留给她们印象深刻的时光反而是在父亲离开之后，当母亲肆意，甚至有些恶毒地对待她们时，那种可怕伴随着的强烈关注，却满足了她们内心里一直需要的部分。

我们常常说，孩子对于母亲的需要是第一位的。如果母亲能够很好地回应孩子的渴求，这种互动就会为孩子带来顺利和健康的人格。但若是母亲无法做到这一点，就会给孩子的成长带来极大的影响。其中之一就是：

孩子只要能得到母亲的关注与爱，就会不遗余力。无论这样的关注和爱，带有怎样的色彩。

而这也是小兰和姐姐们就算已经离开家乡，开启了自己全新的人生，甚至也有了爱自己的人，都依旧在母亲面前无法拒绝她的意愿的原因，哪怕这样的意愿正在毁掉自己。

我为什么要满足你？是因为我希望你也能满足我。但我不敢直接表达，因为这样的愿望在我的内心曾经是无望的，它没有被满足过，自然也就不敢期待。可如今，你给了我一次机会。只是这样的机会可能会毁掉我，但我依然无怨无悔。

如何解救自己

用“解救”来形容小兰与姐姐们所处的局面，并不为过。因为当受虐者处在受虐的境地时，常常无法控制自己受虐的程度。就好像内心那种需要的动力更为强大，就会允许自己不断地跨越底线去忍受对方的施虐，从而导致自己受到无法预知的伤害。

从外人来看，这种伤害常常难以辨识。因为精神层面的暴力不同于身体暴力，它作用于人的内心却不是身体。但从另一个角度看，经受精神暴力的人，却也常常因为无法承受和无处宣泄而导致躯体化——也就是通过身体的症状来表达自己。比如得一些慢性病或是非常严重的疾病。这都意味着她的身体正在替她去传达自己所遭受到的痛苦。比如小兰的大姐就已经开始频繁出现胃肠疾病，而胃肠正是人们的消化器官，心理学的解释就是：她已经无法消化那些沉重的情绪。

所以解救，真的不是说说而已。

但如何实现呢？却是一个显而易见的难题。当双方的动力都在，却又彼此配合时，想改变她们之间的互动模式将是非常困难的。这也是许多家庭即便过得很糟，却依然纠缠不清的缘故。因为彼此在对方身上都有更深一层的需要，即便这种需要未必契合，但对于需要的满足欲望一定是共同的。当这种欲望无比强烈，终止它就会变得异常痛苦。

可痛苦，不仅仅在一面。

小兰能来咨询，就是她感知到的另一部分痛苦同样强烈。那是她原本可以得到的新生活，也是她现实中可以拥有的真实又温暖的爱人。这些都已经在改变原来的她，让那种“因为父母是嫌弃我的，所以我也不值得被爱”的潜意识被极大地动摇了。所以她来寻求新的方式解决困境，这本身也意味着她向往“美好”的动力正在超越“我只配被糟糕对待”的心境。

也就是说，她正在解救自己。

而如此的动力，其实比具体的方法更重要。因为让自己摆脱的前提是，她是否真的想摆脱。这并不是一句空话而是饱含深意。因为摆脱这样的母亲，过好自己的人生，这本身就是一个颠覆性的认知，颠覆的正是从前被如此塑造出来的自己。只有能承受住摆脱带来的内疚、分离带来的痛苦、过好自己人生带来的对母亲的背叛感，她才可能做真正的自己。

如何解救母亲

许多人说，面对无法自控的家人，他们不知道要如何对待。所以我们除了“如何解救自己”，也一定要来谈一谈“如何解救母亲”的问题。因为现实中，的确有非常糟糕的处境摆在人们眼前，让人不得不忍耐其中。

就以小兰的母亲为例。她就是通过控制的方式去对待自己的女儿们，就是以挑拨离间的方式去破坏她们的婚姻，甚至当女儿拒绝接受，就以撒泼耍赖来要挟，遇到这样的母亲要怎么办？

如果顺从她，就意味着胁迫成功，那么接下来的生活可想而知。但若不顺从，也许她的行动就会升级，变成更高级别的威胁和控制。比如一些人过度失控时，就会采取自伤或自杀的方式，以令人恐惧和内疚来逼迫对方。而这样的方式多数会得逞，因为几乎没有人能够承受住如此巨大的心理压力。所以许多人都会觉得太难了，当你遇到了这样的家人，你又难以承受她给你带来的情感与责任双方面的压力时，自然就会缴械投降。尽管付出的代价，可能是自己的人生。

但当我这样去描述，不知道你们有没有一种感觉：仿佛此时也被我胁迫到了。好像这个局面恐惧到足以将人淹没，然后毫无挣脱的可能。但事实上，绝大多数情况都没有想象中的糟糕，都有缓解和改变的余地。当你明白这样的家人，他们想要的是什么，他们为什么要将自己放在如此的境地里，失控的举动背后隐藏了怎样的情感与需求时，你就有了能够与他们对话的可能。如果你很爱他，你就可以拿出一些精力和耐心去对待他，如同对待一个正在成长中的孩子。他们不是不能依靠自己来成长，但他们常常需要支持、鼓励与肯定。就好比小时候的你，也充满了对这些的渴求。

也许你会告诉我，当你没有被这样对待过，你也无法如此对待他。我想这才是让你为难的更深层原因。当他将自己放在了孩子的位置，希望你换位成为他的“父母”时，这一定对你非常不公平。或者即便你想这么做，你足以容纳的能力与心境可能还无法允许。所以这对你而言，的确是个难题。

如何解救他，这本身就是一个无奈的提问。它必然包含了某种不得不担的责任，就好像我们需要将自己变成那个能够去解救对方的人，因此一开始就要承担巨大的压力。所以面对这样的压力，我们似乎只有两种选择，一种是硬抗起来，一种则是逃掉。前者会令我们过得非常艰难，甚至会因此面临失去人生的选择权。但后者容易背负沉重的心理负担，逃到天边也逃不出内心的责备。所以“如何解救他”，其实还要回到“如何解救自己”的问题上来。因为只有先将自己成长好，能够担得起和消化掉那些沉重的情感，也许你才有力量和信心去面对解救他的难题。主动权，也才会真正回到你自己的手里。

小兰最终忍住了母亲的胁迫，没有走到离婚的地步。她决定坚持自己的选择，和爱人一起去面对外在和内心的冲突。同时她也试着改变与母亲之间的关系，从爱恨交加的纠缠之中退一步，以平等的位置和母亲对话。出乎意料的是，母亲这一次没有暴怒，只是有些失望和失落。但小兰知道，这是一种进步，因为人只有接受了某些无奈的现实，才会若有所失。

所以事情往往没有多好，却也没有多坏。可当我们在想象中构建了可怕的结果，就无法再向前一步。也许，这种想象就是在建造一个围城，无意识地将你和现实阻隔，阻止你走出自己的熟悉圈。但若你试着迈出去，也许一切都没有那么困难。

愿我们，都能过上自己想要的生活。

第5章

如何走出原生家庭带来的心理创伤

在前四章里，我探讨了四种原生家庭的类型。但相比实际存在的种类，其实这远远不够。因为没有一个家庭是完全相同的，如果以吹毛求疵的态度去看待，几乎每一个家庭都可算作一个独立的类型。所以我的分类有些简单粗暴，甚至这样做很容易引起简单化地去理解何为原生家庭的概念。但为何这样做，也有我的考虑。一方面方便叙述相关的案例，让大家更清晰，而另一方面更重要，分类就是为了便于看到和寻找。这就好像将不同的东西放在不同的格子里，上面贴好标签。贴标签并非要定义它，而只是在你需要的时候能够快速找到。所以对于原生家庭的分类没有概念上的意义，只是从几个比较普遍的模式作为切入点，分析它们可能会出现的问题，问题背后的原因，以及要如何应对这样的模式。

而接下来的章节里，我会致力于用更广泛的例子和更直接明确的方法来谈谈我们在原生家庭中所受到的创伤以及如何应对。

为何要谈心理创伤，这首先需要做一个解释。

因为在原生家庭中，我们是以各种不同的方式成长起来的，我们的经历有共同性，也有差异性。共同性常常与我们的文化和大背景有关，比如我们生在同一个国家，处在同一个年代，我们的思想和观念几乎都是同步的。那么这些共同的东西就会对我们产生相同的影响，比如现在有一种将人群分类的方法：70后、80后、90后，等等，这样的分类既说明了年代的差异，却也意味着同一个年代群，就必然会有属于自己年代的共通点。而差异性，则意味着每个家庭的独特之处。这一点很好理解，每个人都是独一无二的，组成的家庭自然也是“与众不同”的。

而无论是共通点还是差异性，其实都会造成心理创伤。比如曾经的三年自然灾害，就让那一代人对于能否活下来心有余悸。之后哪怕那个时代已经过去，物质生活极大丰富，但他们依旧会带着某种恐惧和担心活着，似乎怎样都无法让自己彻底放松和安心，这就是时代带来的创伤体验。而差异则更具有个体性，比如我们之前谈到的案例，每一个都带着独特的印记，那些印记就是创伤。但怎么面对和处理它们，对于每个人来说都是难题。有的创伤太大难以修复，就会成为一个无法愈合的伤口，只有回避它才能继续生活下去；而有的创伤则需要漫长的时间和耐心，在原本想要“去除和对抗”的心态之后，发现只有包容才能整合；还有的创伤会慢慢积攒下来，变形扭曲，最终衍生出新的创伤。可无论哪一种，它们变成了什么，我们不得不承认的是，创伤早已成为了我们非常重要的一部分。

从严格意义上讲，没有人没有经历过创伤。只是或大或小，或者我们在创伤面前有多少承受能力，以及如何找到能够使用的资源，让我们可以安然度过它，甚至从更积极的角度看，从创伤中走出来的过程，其实就是成长本身。

所以谈创伤，就是在谈自己。谈如何面对创伤，就是在谈我们要如何成长。

那些隐形的心理创伤

心理创伤，其实是一个复杂的概念。但在精神病学上对此有一个简单的概括：超出一般常人经验的事件。如果对这个定义试着去理解，可能首先让我们联想到的就会是一些比较大的灾难，比如火灾、地震、战争等人们无法掌控的事件，仿佛只有这样的程度才叫作创伤。但实际上，在我们的日常生活里也有它的存在。比如家庭中的长期忽视、精神虐待以及身体暴力都会导致不同程度的创伤。所以在这里，我们只谈创伤的一部分，也就是它在家庭中的产生和影响。

心理创伤在家庭中是如何产生的，这是一个很重要的问题。因为许多人在谈到创伤时，都觉得与自己无关，好像这是一个特别遥远的事，或者是只有那些“变态者”才能做出的举动。但实际上，在我们的生活里有一些非常常见的行为，它们很容易被忽略，更不会被定义为过分伤害，甚至许多人就算被质疑都不以为然。但恰恰是这样的心态，让它们成为了一只看不见的手，影响和塑造着我们人格的形成。

长久而持续的嘲讽

每个人的成长中，都可能有过被嘲讽的经历。那是一种非常不舒服的体验，就好像你的某些痛处被人看到，然后毫不留情地揭开，让你在他人面前体验到强烈的羞耻和被羞辱感。嘲讽是一种强有力的言语攻击，杀伤力绝不低于身体攻击。甚至有时我们会发现这样的状况：被嘲讽的人忍无可忍就会采取行动，通过暴力的方式进行还击。而这就意味着他正在将自己感受到的东西传递回去，让对方感同身受。

来自外在环境的嘲讽，常常我们是能够避开的。但若这种嘲讽来自于家人，那就意味着无处可藏。所以一旦父母使用，甚至习惯性地使用这样的方式来对待孩子，就必然会对孩子产生巨大的影响，而这样的影响主要体现在以下几个方面：

1. 自卑

自卑人人都知道，但自卑来自何处却未必人人都清晰。所谓自卑，并不是“我就是比别人差”，而是“我觉得自己比别人差”。这种心态并不扎根于现实，而是内心早早种下的对自我的定义。那么这种定义是怎么来的呢？最早就是来自于父母是如何看待我们的。如果父母将我们看成是一个值得尊重的个体，会去保护我们的隐私，那么这种对待就会被内化进我们的心里，从而形成健康的自我定义。但若正好相反，他们时刻都会无情地揭露我们，视我们的自尊如无物，甚至会沉浸于嘲讽带来的自我满足（因为嘲讽别人意味着将自己放在了一个更高的位置上去俯看对方），那么在我们的内心里，就会被内化进一个被看低的自己。

自卑会对一个人产生极大的影响，甚至是一生都摆脱不了的痛苦。因为即便你非常努力想去“成为一个更好的自己”，内心的动力却并不源于你自发的愿望，而是——“你不够好”。这样的定义是根深蒂固的，它常常不会因为现实中的优秀而改变或消失，而是会替你不断找出自己“还不够好”的地方，从而依旧让自己活在自卑当中无法自拔。

2. 无法信任

一个习惯于嘲讽别人的人，内心有很多无法面对的糟糕境地。所以只能用这样的“软刀子”，将自己的羞耻与愤怒扔到别人身上。但一个被长期嘲讽的人，则意味着在始终接收着外在的恶意。时间久了，就再也无法信任这个世界、信任他人。因为这个世界向他呈现的是具有伤害性的一面，尤其这样的伤害来自于最亲密的人身上。

所以我们可以看到经历过这种伤害的人，他们是习惯封闭自己的。他们只相信自己，也只愿意把自己放在一个没有人的地方，仿佛只有如此才是真正地安全和放松。而另一些人即便看起来非常热衷于社交，和他人之间的相处游刃有余，可一旦关系变得亲密，这个人可能就会消失。因为那对他会形成一种巨大的压力，会引起对“自己曾经经受的难堪和痛苦的场景”的极大恐惧。

3. 将攻击转向自身

嘲讽是向外的攻击，但接住的人极可能将攻击转向自身，于是就形成了抑郁。抑郁的本质就是将愤怒的炮火朝向自己，有点像“当我无法释放出去，就只能发泄在自己身上”的意思。没有人愿意抑郁，但造成抑郁的结果常常是不由自主的。因为当一个人还是弱小的孩子时，被父母如何对待都没有选择。若父母毫无顾忌地将孩子作为攻击对象，那么孩子能做的，就是在心里构建这样的一个想法：一定因为我不好，才让你们这样对我。如此去想尽管令人痛苦，它却规避了另一个令人绝望的可能：你们就是不好的，所以才这样对我。

前者至少自己还能控制——我若是变好，你们就会爱我了，后者却毫无希望。

长期而持续的嘲讽，就是一种精神虐待。当事者也许不会这样理解，但结果没什么可质疑的。它给人带来的创伤虽然无法量化，可在受害者身上会有深深的烙印。这些烙印会在成长中以各种形式出现，比如性格过度内向、回避和人接触、人际关系不良、过度恐惧和易激惹，以及抑郁心境，等等。也就是说，这个人的人格都会因此被重塑。

停不下来的抱怨

抱怨，在我们的生活中司空见惯，几乎鲜少有完全不抱怨的家庭，有的只是“习惯性”与“偶尔”之间的区别。但一定很少有人知道，过度、停不下来的抱怨也是一种虐待。因为本质上讲，抱怨就是愤怒的表达，只是这样的表达方式非常无力。因为若是有办法、有能力、有动力去解决自己面对的困境，就根本不会抱怨，所以它算是一种非常被动的攻击。

为什么会抱怨？

也许每个人都有自己的答案。但从精神动力学来看，一个人的抱怨意味着他依旧停留在口欲期。因为口欲期的需要是对“口腔的满足”，所以凡是用“口腔”（比如吃、喋喋不休地说话、抱怨，等等）来满足自己的人，都说明他在口欲期没有顺利度过。所以在未来遇到问题，就非常容易退行到早年的发展阶段，于是抱怨既是一种表达，其实也是对问题的一种缓解渠道。但过度、停不下来的抱怨，却意味着这个人陷入了病理性的满足中，似乎他只能用这样的方式来舒缓自己的情绪，而对现实无能为力。

病理性的抱怨会对人产生怎样的影响？

用一些比喻来形容也许会更容易理解。就好像每天你都在被一个不易察觉的拳头攻击，每天你都在一个充满了痛苦和压抑的环境下呼吸，每天你都面临着避无可避的负面情绪的倾倒。想想看，那会是怎样的一种感受。而从一些长期经受抱怨的来访者看，他们的内心充满了痛苦和压抑，以及容易一触即发的愤怒，甚至也会因此形成心理病症。比如抑郁、焦虑或者强迫。因为这些长期的情绪意味着一种糟糕的心境，当它被最大化地呈现出去，也就传递和造成了身边人的心境。如果这个身边人是成年人，尚且还有分辨和处理的能力。但若是一个孩子，那就是一种完全破坏式的成长。

许多来访者谈到过他们这样的家人，常常是以女性为主。而这很好理解。因为从现实看，男尊女卑的思想依旧有存在的余地，对于女性就没有太多的权利和空间，导致她们只能在某种境遇里停滞，而情绪也就自然而然地在家庭，这个唯一的空间里宣泄。而从心理发展来看，女性在成长中会面临更多的问题与挑战。尤其是与母亲之间的联结，会让她在女性身份与认同、对于女性的心态与感受，以及要做一个怎样的女性上都产生巨大的影响。如果母亲在这方面的表率就是出现问题的，自然就会影响对女儿的传递。因为当一个人只能以抱怨的方式去表达自己、建立与家人的联结以及由此来看待和对待这个世界时，我们能感受到的，就是她对于自身和外界都有无法接纳和排解的情绪。

而这些对于孩子显然有着更糟糕的影响。因为之前我们提到过，孩子天然就有朝向父母的动力，他倾向于接住和承担父母的痛苦，所以一个抱怨的母亲（或父亲）就会给孩子带来极大的负担。而这些承接，也会造成孩子在自我发展上的困境。

容易被忽视的唠叨

唠叨，相比抱怨更为常见。似乎我们总能见到这样的人，他们喋喋不休，细碎而重复地说话。明明一件事可以简单而果断地表达清楚，他们却会一直说个不停，唠唠叨叨，没完没了。

有一个唠叨的家人是怎样的一种体验？许多来访者也描述过。就好像一只苍蝇在你身边飞来飞去，嗡嗡不停。他会让你的情绪一点点积累，然后到一定程度就会爆掉。于是压抑和失控，就是被唠叨者最容易出现的状态。

为什么会唠叨？

其实它依旧是一种释放情绪的方式。只是相比抱怨，它更为隐蔽不易发现。当你遭受这些的时候，你难以忍耐和控制自己的情绪，可当你冷静之后，也许不过将此定义为一种关心的过度表达。但实际上，它的杀伤力绝不低于其他的虐待方式，反而以更为常见而影响更大。因为那种细碎和重复是一种巨大的消耗，是将明显而激烈的愤怒分成碎片，以不断重复的方法释放出去。所以对于被唠叨者来说的“最终崩溃”，本质上就是将那些“愤怒的碎片”积攒到爆掉的结果。

为什么一个人会用唠叨的方式表达自己？

它的原理其实与抱怨类似。但同是口欲期的问题，唠叨显得更加碎片式和强迫感。碎片一方面体现着唠叨者无法整合自己的情绪，只能任由那些细碎、杂乱的感受所引导，另一方面当一个人事无巨细地呈现所有细节，某种程度也意味着期待全然的控制，反过来自然说明他的当下，对生活和身边的人都是失控的，而强迫感则是通过重复实现的。我们完全可以想象到，一个不断唠叨的人他很难停止，因此就会给被唠叨者带来一种极强的压迫感，似乎是“你没得选择，一定要听”的强迫。强迫意味着一种强制的力量，它强势插入，根本不给你任何空间和余地，将你完全地“包裹”在自己营造的氛围里，所以看似只是唠叨，其实内在却有一种“硬性的逼迫”。

唠叨会给人带来怎样的影响？

首先一定是矛盾的心境。我们常常可以看到一个唠叨的母亲（或父亲）后面跟着的是一个沮丧、烦恼却又困顿的孩子。他们的内心充满了痛苦和愤怒，却因为对母亲（或父亲）的爱与担忧，而选择让自己压抑。但压抑的背后一定是挣脱的渴望，这就会给他们带来冲突的心境，由此成为成长路上的一块巨石。

而更深层的则会带来对亲密关系的畏惧与远离。因为唠叨会营造一种环境，这种环境完全是侵入和吞没式的，就好像“只要你在这里，就处于被吞没”的状态，这个环境没有你，而只有被它包围住的你，这就会给人带来巨大的恐惧感。所以当一个人面对这样的关系，就会产生想逃跑的冲动，而一个长期被浸没在如此关系中的孩子，未来对于自己的亲密关系就一定是惧怕的。

○○●

导致心理创伤的方式有很多，除了之前的案例中，我们提到过的父母对孩子的忽视、冷漠和暴力对待，以及在这里增加的一些不易察觉的方式，其实还有更多潜藏的信息等待我们去发现。虽然我们并不希望发现更多，但只有越多地看到和清晰什么会造成创伤，我们也就越可能找到面对和解决它们的方法，由此还给孩子一个健康的成长可能。

面对创伤，我们是如何保护自己的

当一个人经历了创伤，他会怎样应对。一般来说他就会想办法去保护自己。因此在这里，我们想来谈谈人们是如何保护自己的，也就是谈谈面对创伤，我们通常会有怎样的防御。

防御是心理学的专业用语，意思是：在意识层面消除不愉快情感的一种心理操作。而不愉快情感包括焦虑、抑郁和愤怒。也就是说，我们总会感受到一些不太舒服的情感，于是为了能好过一点，自我就会为我们做一些事，去暂时消除它们，而这些事就是防御机制。准确地说，我们每个人都会在适当的时候去使用它来帮助自己。但对于受到创伤的人来说，它们显然更重要。

淡化与否认

我们见过许多这样的人，虽然他们经历了非常巨大的痛苦，但当你问到他的时候，他很可能呈现出的是一种淡然的态度。就好像“这件事早已过去了，对我也没有什么影响”，让人不禁觉得这一定是个非常强大的人，因为只有如此才可能在经历那些常人无法理解的苦痛之后，平淡至此。但实际上，若是内心真正的强大，并不会如此轻描淡写，反而能够正视创伤所带来的所有艰难。因为只有在乎自己所经历的，才是对真实自我的尊重。所以淡化与否认，其实不过是一种防御。它的存在就是为了尽量抹去曾经的苦痛，减弱那些令人恐惧或是羞耻的感觉，只有这样才能让自己勉强维持住当前的人生。

当一个人使用这样的防御，一般来说我们可以想象到在他的身上都经历过什么。如果需要完全抹去才能勉强生活，那意味着创伤对他是有毁灭性打击的。并且曾经这样的使用，一定切实地帮过他度过那些经历的东西，所以紧紧抓住它，就会成为这个人用来保护自己唯一的方式。

但淡化、否认，其实并不是一个成熟的防御机制。在面对生存还是毁灭的时刻，它的确是有用的。但在危机度过之后，当生活开始展现出安全和美好的一面时，依旧使用它们就会对自己产生相反的作用。比如许多人压抑住当年的痛苦，试图封闭曾经的记忆，但那些烙印常常会以渗透到人格和心态的层面去影响一个人，如此就根本无法忽视它们。所以若期望自己重新回到健康的人生里，就只有放下这种防御，面对真实的过去，才是正确的路径。

隔离

隔离，指的是将情感移出自己的意识之外。也就是说，当一个人感受到无法忍受的痛苦和冲突时，他就会想办法让自己远离这些感受，这样才会保护自己。而在极为痛苦的当下，隔离的确为一种有效的办法，至少能避免被剧烈的情感所淹没。比如面对一个时刻在唠叨的母亲，孩子可能是没办法离开的。如果此时我们去体会他的情感，那一定既复杂且冲突："我讨厌被这样对待，她怎么总是数落我""她可能也是为我好，毕竟她是爱我的""我烦死了，怎么才能远离她""这样想太不应该了，我应该想办法帮她离开这种困境"，等等。很明显对于一个孩子，他还无法协调和处理好这些情感，如果任由它们斗争下去，自己就会无法承受。所以隔离的防御方式，就会成为一种保护，它可以让人暂时抵御住那些会让自己痛苦、恐惧甚至崩溃掉的情感。

隔离对于创伤是有效的，即便这种创伤已经成为过去。因为能将创伤"封印"在过去，恰恰运用的防御方式之一就是隔离。但与淡化和否认一样，隔离也会给人带来不适应的部分。它会让人与情感保持一定的距离，甚至会麻木或者过于冷漠。这就是隔离的反作用，虽然避免了情感的伤害，却也因此无法得到好的情感。

合理化

有一种来访者是这样的，当他们对咨询师叙述自己的创伤经历时，会站在施虐者的角度去理解他们，会找出许多貌似合理的理由来为对方开脱。这时你能感受到的是，似乎他被这样对待是有原因的，并不仅仅是施虐者的错，并且他会非常大度地宽容施虐者，仿佛这一切都理应放下，而自己也应该这样做。

这样的状况容易令人混乱，因为你很难分辨他是真的放下了还只是一种掩饰。但实际上当你看到他的现实仍旧被那些过去的创伤所影响时，你就会得出这样的结论：这依然是一种防御方式。

合理化是这样的一种防御，它会找出许多借口来让伤害看起来没那么糟糕，似乎虐待不是偶然的、无理由的、人性黑暗所致，而是综合因素导致的必然结果。这里面既有对方的原因也有自己的原因，所以责任不在一个人。但实际上，这样的防御常常是受虐者的铠甲，他使用它正是在抹掉施虐者的问题，而这样做的目的就在于增加一种希望：不是施虐者不好，而是我也有问题。只有这样想，才会将控制感牢牢地抓在自己的手里，如果我变好了，也许我就不会被这样对待了。而另外，通过对伤害的合理化，自己的创伤似乎也减轻了，因为在认知上说服自己，就能减少情感上所受的痛楚。

相比其他的防御方式，合理化最容易被受虐者所用，因此也最容易出现连锁问题。比如他会用另一种角度去看待施虐的行为，也可能继续与施虐者保持关联，而这势必会给他带来更多的创伤。

反向形成

反向形成的意思可以用一句话来形容：明明我是恨你的，我却让自己爱你，也就是说，这种防御方式使用的是完全相反的理解，由此回避背后那无法接受的真实情感。

曾经有一个来访者就有如此的表现：他是被父亲带大的，但父亲对他有着近乎变态式的严苛。在他的内心，其实对父亲又恨又怕，但另外，他也对这样去想的自己感到愤怒，也因此对父亲怀有愧疚之心。所以即便后来，父亲有多糟糕地对待他，他也仿佛毫不在意，并且让自己表现得更加爱父亲了。这就是反向形成，它防御的正是对父亲本该有的强烈愤怒，但因为来访者根本无法接受这种情感，于是就采用了这样的防御机制。

在创伤面前，反向形成似乎还起到了积极的作用。比如很多人都会说：若不是那时我经历了这些，也许就不会有今天的我，我是要感恩这些创伤的。这样的话初听会很打动人，而且也极大地减弱了创伤的影响。但若细细思量，你就会发现他正是以感恩来防御那无法承受的怨恨，因为只有这样他的情绪才能暂时缓解。

反向形成，本质上是在走向情感的反面。越是无法接受真实，就越会在相反的路上走得更远，所以我们也完全能够体会到那种无奈与心酸。当一个人短暂地使用这种防御方式，也许会帮到当时的自己。但若时间长了，就可能会混淆自己的情感，连自己都无法分辨哪个才是真正的内心所感所想。

○○●

对于创伤的防御方式，可以探讨的其实有很多，所以我们只是简单说一说其中使用比较频繁的几种类型。相信你们可以看得出，人是非常坚强的，哪怕遇到了糟糕的人、糟糕的对待，都会想尽办法去保护自己，避免自己受到更大的伤害，而这也为我们带来了一丝希望：就算原生家庭不如我们期望的那样，甚至远远比我们想象的糟糕和可怕，但我们拼尽全力也会让自己好好地活下去。

走出原生家庭的创伤

如何走出原生家庭带来的创伤，这是所有人都会关心的问题。因为完全没有任何创伤的成长经历，实际上是不存在的。几乎每个人都会在成长中遇到或大或小的创伤，而这也就意味着如何面对创伤、处理创伤，成为一个必须要学会的部分。

但这个问题其实过于庞大，因为很难有一概而论的东西，过于精准定位又不适合所有人，所以在这里，我只提供一些认识创伤和走出创伤的探索方式以及方向，希望能有所帮助。

学会自我觉察

什么叫作自我觉察？

自我觉察是指个体能够辨别和了解自己的感觉、信念、态度、价值观、目标、动机和行为。在此过程中，将自我从心智中分离出来当作被观察审视的对象。

简单来说，就是你从“当前的自己”跳出来，以第三方的视角去观察自己、审视自己，你就会意识到许多不一样的东西。

可我们为什么需要它呢？这就涉及一个很重要的部分，在我们的大脑中有两个非常大的系统缺陷：一是思维活动的80%～90%都是重复性的，而思维的重复性就导致了我们行动的重复性和机械性，也就是日常行为中的习惯性反应。二是自动编故事的机制，也就是说，大脑表面看上去很聪明，会分析、判断、推理，然而，深入观察就会发现，所有的分析、判断、推理都基于我们已有经验的制约。

当你们看到这部分，不知道会不会有一种熟悉的感觉。因为当一个人陷在某种困境无法摆脱时，似乎就是有一种强大的动力让你留在曾经的“习惯”中，你会觉得离开就是恐惧的，即便现实并没有值得你恐惧的理由。这也可以延展到许多受过创伤的人的心境，虽然过去的创伤不再，也再没有任何迹象表明他可能回到曾经的困境，但对他来说，想从那种恐惧、痛苦中拔出来就无比地艰难。

关于这一点，我们之前做过许多心理层面的解释，但除此之外，的确有一部分是我们不能忽略的。那就是大脑愿意为我们设置重复的情境，甚至会为此制造许多不容辩驳的理由，来让我们还是“从前的自己”。不管你的经历是好是坏，熟悉就是唯一的理由。因为突破会带来未知，而未知就是危险的，从我们的大脑这个总控来说，“只有一切都在自己的控制下”才是关键，所以不惜牺牲你的感受。而觉察，就会让你意识到这部分。

关于创伤，我们需要意识到一件事：如果你一直被创伤所影响，就意味着你与过去从未分离。你所有的经验也都来自于过去，来自创伤。而这一定会限制你的脚步，因为过去的经验里，世界就是可怕而危险的，你根本不敢让自己踏出一步，去体验危险。但其实，这可能本身就是大脑为你设置的“稳定认知”，它一遍又一遍地用各种证据来帮助你稳固这样的认知，目的只是不想让你出去。但只有你跳出这个局面，看到自己正在经历什么、体验什么，尝试着将当下从过去的经验中分割出来，即便未知也愿意尝试，那么你就会因此获得新的体验。

而创伤，就会从循环和已经形成的巨大结构中被打破。

直面创伤

在面对创伤这个问题时，我想不止一个人会告诉你，还是要直面的。也就是说，只有直面而不是回避，问题才可能有解决的机会。但什么叫作直面呢？是赤裸裸地将伤口扒给别人也给自己看，还是再次回想从前的经历，逼迫自己感受那些曾经的痛苦与悲伤？

一定都不是。以上的举动只意味着你正在对自己进行二次伤害，却绝非善意的直面。因为真正的直面，首先就是能够真实地对待自己，也就是说，当你还没有准备好回到过去，揭开那些或羞耻或愤怒或痛苦的过往时，你就可以让自己停留在能够保护好自己的地方。不限制时间、不要求、不逼迫，更不给自己施加压力，因为只有这样，做出“回到过去看到那个自己”的选择，才是真正的属于你的动力。

可能有人会觉得，这不是逃避吗？

如果对其他事，我无法给出结论。但一个人的内心是非常复杂的系统，它比这世界上任何一种系统都要来得复杂、精密、难以参透。所以面对就是要求、逼迫，而停滞就是逃避，这样简单的理解，恰恰违背了真正的事实。事实就是：创伤是一种伤害，它实现的方式就包括了一个人曾经被简单粗暴和毫无同情心地对待。也就是说，当你这样对待自己或身边人，你就在将自己或者他们无形中放在了曾经的境地。

所以理解，才是直面的关键。

什么是理解？这是在心理咨询中非常重要的一部分，甚至可以说是最主要的。因为若想更好地帮到来访者去面对或者解决他们的困境，首先需要做到的，就是站在他们的角度去理解他们。而这是分为两部分的：一、这种角度需要排除自己，不带自己的任何一种评判、要求和期待，因为只有将自己的立场拿走，才会最大化地看到他们，他们也才敢于将自己真实的部分呈现出来；二、理解是在这样的前提下才有进行的可能，而理解本身，则意味着最大限度地走近对方，通过倾听去感受在他们的身上都经历了什么，而对方也在这个过程里，会被最大化地接纳、允许和懂得了。

可能有人会觉得，这不是自己能做的事，也与自己无关。但之所以谈到心理咨询的方法，恰恰是因为我们这样做，就是为了促进来访者能如此对待自己。因为心理创伤是什么，它可能不是或者不仅是你身体上的伤痕，而是没有被人好好地对待过。你经历的忽视、嘲讽贬低、各种明面或隐形的攻击，都意味着你在被糟糕地对待。没有自己的权利、没有自己的空间、没有自己的位置或者价值，这些经历恰恰造成了你可能也会如此看待和对待自己。所以治愈创伤，并不是你找到了一个能够好好对你的人，而是你能够重新看待自己，好好对待自己。

建立一段深入的关系

这个建议的意思是：在你的生活里，你需要有一段深入的关系，以此来更深入地走向你自己，而深入的关系指的是：深刻的恋情、友情或是其他任何一段能够承载你深厚情感的联结。

为什么要这样做？因为本质上，人就是需要和他人建立深刻联结的，这也是为何当我们还是个婴儿开始，就需要养育者无微不至的关怀与关注。只有如此，我们才能确认自己的存在和价值，从而能够安全、健康地活下去，所以关系无比重要。但对于受过创伤的人来说，建立一段深刻的关系是很困难的。一方面因为缺失过，所以他们比别人更加渴望关系。另一方面曾经的关系质量，却让他们比别人更加畏惧。甚至在内心深处，他们无法相信自己真的能得到好的情感、好的关系，因此让自己始终退避在关系之外。有一种当前的现象就极大地说明了这一点，那就是许多人宁可选择单身，也不会轻易进入爱情，更难进入婚姻。尽管现实因素占有一定的比例，但无疑，心理因素才是更深的根源。

可关系，却一定是人所需要的。于是我们发现了另一种现象，那就是人们投放在其他事物上的情感显然更多了。比如对于宠物的爱、对于某项运动或者爱好的关注，甚至在某件物品上投放的浓烈情感，等等，这些都意味着人们在还不够信任人与人之间的关系时，所采取的一种替代。

这是好的现象吗？很难说。因为这也是一种防御，在你对他人或者自己都缺乏信心和控制感的时候，这不失为一种辅助与缓解。但不得不承认的是，我们最终还是渴望来自人的关系。

于是心理咨询，就成为了一个合理过渡。许多人对咨询的理解，仅限于“跟生病吃药是一个道理”，所以许多来访者虽然带着深深的烦恼来，却只希望拿着浅浅的建议走。也就是说，他们并没期待太多的东西，更不希望建立一种长期的关系，而只是“我的问题就是这样的，你告诉我怎么解决就行”的心态。对于这样的来访者，我尝试过换位思考。我想正是因为在他们的内心里包含了许多需要被倾听、被理解、被接纳的部分，但这些未尝不是一种巨大的压力，让他们反而不会轻易交托于人。有些事情不是不想，却是不能，或是还不够信任。

但这恰恰是一种真实的状况。受过创伤的人，一定对自己的经历难以启齿，也不会轻易相信谁。虽然这是一种阻碍，却正是他们曾经赖以生存的保护方式。所以凡是能够给自己一点机会的人，在任何一个咨询师这里，都一定能感受到他巨大的勇气。

咨询，本质上就是一段关系。它不是生病开药的治疗，而是在一段彼此相处的关系中，自我得到疗愈的过程。虽然这个过程里可能充满风风雨雨，就好比任何一段深刻的关系那样，但这一段旅程的不同之处却在于：你有机会面对曾经受伤的自己，以及可以在不同于曾经养育者的对待里重新生长。

○○●

如何走出原生家庭的创伤，答案一定还有更多。探索的人却永远不止我一个。经历过创伤的你，相信一直都在努力寻找如何让自己走出创伤的方式，如果你愿意，可以与我一起探讨与探索。因为这绝不仅仅是一种将自己带出困境的办法，而是——如何更好地成长。

第 6 章

与原生家庭的和解之道

写下这个标题的时候，其实我的内心还是充满困惑的。因为这个标题的潜台词就是：我们一定要和原生家庭和解，只是需要办法。仿佛这是一件板上钉钉的事情，只看我们要选择哪个位置去钉，以及采用怎样的方式能钉得更牢固。

所以，这是必然的结果吗？我想这是首先值得去思考的问题。

对此，一种声音是：必须要这样做。因为无论怎样的父母，都是他们将我们带到这个世界上的，我们必须心怀感激，并且努力理解他们的苦处。

另一种声音是：需要这样做。因为就算父母没有好好对你，但是你不能像他们一样，只有从你这里改变了，你的下一代才有希望。

第三种声音是：值得这样做。就算你不考虑其他，也要考虑自己。只有与原生家庭和解，你才能放下这段恩怨情仇，也才能放过自己。简单来说就是“与自己和解”。

这三种算是主流的声音，如果我们粗略去看，感觉到的似乎全都不无道理。或者说，我们根本没有理由拒绝这些说法，它们充满了理性的思考和利益的考量，无论是站在道德的高度，还是为了下一代的希望，抑或单纯为了自己的内心平和，哪一个都能触动到我们的内心。

可除了这些声音，其实还有其他。只是在这些声音的对比之下，那些就显得另类了。比如：要离开父母，走得越远越好；他们对我们不好，为什么要我们对他们好；要不是他们，我们根本就不能像现在这样；更有甚者直接的建议就是：和他们断绝关系吧。豆瓣里非常出名的“父母皆祸害”小组，也就是这种声音的典型代表。

可这样的说法就完全不对吗？似乎也不是。尽管他们的情绪激烈甚至极端，但不正说明了创伤对于他们的巨大影响吗？如此强烈的愤怒，就好像一支支射向原生家庭的箭，暴露出家庭问题的真实程度和尴尬处境，而这是藏也藏不住的。

所以定论，我们不急着去下。因为两种声音正暗合了我们对于原生家庭的内心冲突。一种是：我爱你们，也渴望得到你们的爱。这是永远都不会改变的东西，哪怕愤怒，也是我在用特殊的方式对你们说：请看看我吧。而另一种是：我恨你们，恨你们这么对我，如果你们不爱我就不要把我带到这个世界上，爱我就请好好地爱。断绝关系是绝望的表示，可何尝不是一种痛苦到极致的表达。

所以，彼此之间的爱恨纠缠，其实才是最真实的。

和解才是成长的开始

与原生家庭的和解，意味很多。

首先，它意味着一种改变。父母改变了对待孩子的方式和心态，孩子也自然放下了对父母的怨恨，双方都在如此的互动中实现了理解，于是，皆大欢喜。可这如同电视剧一般的情节，常常只是我们的幻想。或者正因为这一切很难实现，才会让我们只能通过幻想来得到满足。因为，当你尝试去改变自己的时候，你就会发现改变有多么的困难，更别提你放在父母身上的期待了。

所以，能改变的是什么呢？

答案是：将自己的内心变得更强大、更成熟。强大意味着你不需要通过父母的忏悔来补偿自己，成熟意味着你会站在更高一层的位置上去看待他们。因为只有你站到那个位置上，你才会意识到他们远比你想象的要更加无力和脆弱。他们可能永远做不到你期待中的样子，因为他们不过就是普通人。

看到这些也许会让人有些无奈和心酸，但改变的困难其实就在于此，内心的强大不意味着你得到了多少成就，而恰恰是你能够坦然面对许多曾经幻想的破灭。比如：我的父母非常普通，甚至可能普通到了尘埃里。他们胆小、懦弱、没有能力，甚至还无法好好地管理自己的情绪，更不知道要如何对待一个孩子，而创伤就是在这样的环境下造就的，我还能怎么去要求他们、改变他们？

而当你看到父母的真实，也许会让你感到另一种受伤。那种幻想中父母最终一定会看到带给自己的伤痛，以及诚心诚意地弥补自己，重新好好地爱自己。这些可能都只是自己在痛苦中曾经抱有的希望，但当你愈加成熟后才会敢于去戳破的真相。

所以，再回到这个问题上，我们能改变的是什么呢？

当我们谈到这儿，也许你就会意识到其实改变的正是：我们变成了一个成年人。因为若我们还是孩子，我们就会期待父母首先做出改变，他们变成了我们理想中的父母形象，给我们想要的满足。但若我们是成年人，我们就会放下这种期待，就会意识到他们很难做出改变，甚至会发现他们比我们活得可能还要艰难。

和解意味着改变，但这种改变本质上是一种成长，或者说只有你成长起来，内心强大，才有可能让自己走向和解。不然你就会执着地守住孩子的位置，或者期待或者愤怒，或者在期待之后变得更加愤怒。

其次，和解还意味着原谅。

要不要原谅父母，是许多人面临的难题。但其实这个问题，并不真的关乎他们。因为原谅虽只是一个简单的行为，它却蕴含了当事者无比复杂的心绪与情感。比如选择原谅，似乎就意味着自己当年所受的苦都被抹去了，它们变得没有任何意义和价值，也就好像自己变得没有意义和价值。那么，这种表面的和谐之下就掩藏了更加强烈的愤怒和痛苦，真正的原谅根本无法实现。

但若不原谅呢？又会出现巨大的心理负担。除了传统的道德观念和外在评价，自己的内心也会产生无法承担的情感：内疚与自责。而这种情感是非常消耗人的，因为本质上它们就是一种朝向自我的攻击。所以原谅，真的是一个难题，它比期待父母改变还要艰难。或者说，当我们放下了对父母的期待之后，自我纠结就出现了。

如果从表面上看，这个问题是无法得到解决的，因为哪一方都有非常合理的说法，都能够被理解。但从精神分析的视角来看，停留在一种纠结的局面里就一定存在意义。所以在这里我有两种粗略的思考，希望能与你们探讨。

内在和外在的冲突

原谅意味着自己曾经的苦难没有被看见，所以它背后的意义是：我的存在需要被证明。这是一种内在自我的需要。而不原谅意味着朝向自我的攻击时，它背后的意义则是：我需要的是一个能够负责父母的“好孩子”形象。这又是一种外在形象的需要。于是看起来只是原谅与否，实际上却是一个人要满足内在还是外在的冲突。

但值得思考的是，一个人的内在和外在其实都是自己，又怎么会有冲突呢？所以只有一个解释：他被迫将它们割裂开了。

这一点如果回溯，我们就能够明白。原本我们的存在是需要父母作为“镜子”来映照的，但他们可能出于某种缘故而无法做到。于是我们的存在就一直处在不确定、不稳定的状态里，也因此那会成为我们一生的追求。但反过来看，正因为我们无法从父母那里得到确认，就会让自己不断地做出一些举动来期望得到，比如顺从、听话和讨好父母，努力成为一个他们喜欢的孩子，但也因此，真实的自己就被我们隐藏了。所以在我们的心里，真实的自己始终渴望着被证明，但外在的自己又通过虚假的方式貌似能够得到满足，于是两者之间的剥离，其实从一开始就奠定了。

当我们明白这一点后，这个问题就可以重新被思考。或者准确地说，它就变成了另外一个问题：你要通过什么来证明自己的存在。是父母，还是如今的自己？因为当你在现实中早已能证明自己的存在，你却依旧守住从前的期望时，也许那只是一个虚幻的执念。

越激烈，越亲密

当第一点说清楚之后，我们再来谈谈执念。因为执念常常与现实无关、与思考无关，而与情结有关。它让你就算想得再明白、再透彻，可落到现实中，依旧会维持原样不变。所以若我们放下思考，体会内心，就一定能感受到某种更强大的动力在背后坚持。而它就是：我不能放下你。

精神分析认为，爱恨情仇是关系和情感走向最深刻、最亲密的表现形式。尽管纠缠不休，尽管怨恨无解，甚至因此老死不相往来，我们都能感受到彼此之间那种最为强烈的情感互动。而就是因为太强烈没有办法承受住，于是关系宁可以最激烈、最突然的方式断掉，也无法和平结束。因为“平和”就意味着真的断掉了，激烈却说明彼此在对方心里还留有位置。

而这种理解延展到父母和孩子的关系上，同样毫不违和。或者可以这样说，父母和孩子之间的深刻情感，才是世间一切情感的雏形。我们正是以这种情感和关系的模式为原型，才发展出其余一切的关系样态。因此爱恨情仇，其实说的正是我们。

所以执念是什么呢？就是不能放下。不能放下对父母的怨恨，不能放下对他们的期待，其实就是不能放下作为一个孩子，与父母之间那深刻而唯一的联结：“如果我原谅你们，就意味着你们不欠我的，自此两不相欠，毫无瓜葛。但我若不原谅，那么这辈子你们都与我有关，不管这种关联是好是坏，但只要存在，就值得。”

○○●

和解，从字面上看，就是“因和而解”。但若不想解、不忍解，人就不会选择“和”。所以无论是改变还是原谅，若建立在这样隐秘的心境下，自然难有好的结果。而它也会成为一个巨大的阻碍，阻碍那真正的和解之路。

和解，就是“去理想化”

当父母和孩子在情感上纠缠不休时，常常令人有这样一种感觉：他们之间就仿佛虐恋一般。这种情感不是不爱，但爱的方式令人痛苦。也不是不在意，但在意却非常容易越界变成“侵入”，更不是直接想去伤害，可不知为何这些原本想要好好表达的情感，出来之后都变了样。某种程度上，它们就如同我们如今遭遇的困境一样，尽管我们爱着父母，也是想爱父母的，却很难真实、直面、畅快地表达。

也许，正是因为我们没有被如此对待过，也就没有机会去感受和体会，自然也就无法得到相关的经验。因为父母对待我们的方式常常是拐了个弯，他们习惯把真正的情感藏起来，为此甚至不惜采用相反的方式。比如关心变成唠叨，担心变成责骂，希望变成压力，想让你开心最终演变成令你郁闷。我们不得不承认，有太多的父母是这样的，而这就会让孩子感到非常困惑。

到底什么是爱？爱就是这么痛苦吗？这样的爱又值得我们去追求吗？

于是围绕这三个问题，孩子就会形成对于情感的看法、态度以及模式。比如爱就是痛苦、令人折磨的。它可能伴随着愉悦，但那一定非常短暂，痛苦和折磨才是长期和确定的内容。如果我喜欢一个人，可能就会用让他痛苦的方式去感知。如果一个人喜欢我，就算他和我想的不一样，也许最终我也会把他变成一个折磨我的人，因为这才是我理解中的爱的样子。当然，我对这样的爱也充满恐惧，所以可能干脆逃得远远的。如果实在逃不开，我就在心里划上一道防线，以高冷或者漠然来防御。

这就是孩子从家庭中学到的，对爱的表达与理解。而这也是我们一直说到的，原生家庭对孩子的成长到底影响在何处。虽然这只是其中一个视角，却也是最重要的一个视角：情感是如何传递的。如果传递的方式是正面、坦然、没有隐藏和掩饰，那么孩子接收到的信息就是：爱是大胆、自信、可以坦然表达和欣然接受的，它不需要被隐藏，也不会引起羞耻和恐惧。我值得被好好对待，我也敢拿出真诚的爱去对待他人。但若这一切都是相反的，孩子对于爱的感觉就会走向反面。

在本书的第一章我写过，作为孩子其实是无奈和被动的，因为我们没得选。父母是怎样的人没得选，他们会用怎样的方式对待我们也没得选。如果父母的人格相对健康，我们就很幸运。但若他们自己都有许多没能处理好的部分，我们就不得不承受着这些带来的困境，以及因此对我们的人格塑造。就如同刚刚叙述的那样，当父母对情感的理解和表达都是负面的，那我们就没有任何机会避开，也许都会因此让我们变成了一个我们并不想成为的人。

可父母是否要为此承担全部责任？就是因为他们不够好，才让我们走到如此境地？

显然，这是一个直接而大胆的拷问。尽管这个问题会让许多人都难以面对，包括父母和孩子。但我想这个问题一定在所有受过创伤的人心里不断地被提出，所以这是一个无法回避的话题。而如何解读它，就会成为我们如何看待原生家庭和父母的关键所在。

我的理解是：父母的确需要背负全部责任，这一点毋庸置疑。因为父母就是父母，在成为父母的那一天，你的身份和角色就都增加了一个无比重要的部分。你需要背负起对孩子的全部责任，这是你在最初选择成为父母时就接受的条件。你也有义务让自己成为一个更有能力的人，能够担当起对孩子好好的养育和爱。可另外我也知道，其实没有一个父母不想这样。也就是说，尽管他们在我们的眼里还是不够好，但对他们自己而言，也许已经尽到了最大努力。

因为没有一个人不想更好地生活，也没有一个人在成为父母的最初就打算用最大的恶意来对待孩子。怎样对待孩子，常常不是父母有条件的选择，而是他们从他们的父母那里学会的方式。尽管这种方式显得刻板而唯一，但并非没有经过思量和调整，也就是说，他们常常是从自己作为孩子时的经验和体会里，尽量提取和改良了。如果你了解过他们的经历，他们与自己父母的相处方式，也许你就会发现那些更为糟糕的东西。可是面对那样的困境，他们也还是扛住了，并且尽力筛选出一些好的部分传递下去，于是就有了如今的你。

只是作为孩子，我们永远都期待着父母是我们理想中的父母，他们具有我们希望的一切美好品质、优质的能力，最重要的是无条件的包容与爱，能成为我们的参天大树，让我们毫无忧虑地成长。可现实中，几乎没有一个人能满足这种期待。甚至当有一天我们成为父母，也会无奈于在自己的孩子面前无法做一个这样的人。所以父母能拿出的最大限度和孩子期待中的完美，永远存在一个窘境。而这个窘境，就导致了我们与原生家庭之间那巨大的鸿沟。

这个鸿沟如何去填?

这就是和解中最重要的部分：去理想化。父母要去掉对于孩子的理想化，比如孩子就应该是可爱、听话、聪明有能力、能给自己带来荣耀的人。做到就皆大欢喜，做不到就失望和愤怒。如果是这样就意味着根本不接纳孩子真正的样子，只是按照自己的想象去看待。而孩子也要去掉对于父母的理想化，比如父母就应该是博学多才、有能力有魅力、有着完善的人格以及能够更好地帮助自己的人，是就心满意足，不是就沮丧挫败。如果是这样也意味着我们无法接纳他们真正的样子，而是按照我们的期待去想象。

去理想化，意味着一种还原。还原我们或者父母原本的真实。这种还原并不舒服，因为需要卸下幻想，走向现实。而现实中的我们和他们都不是完美的人，甚至还有许多无法解决的问题和困境，这就让那些附着于此的期待和希望一定程度上被打破了。所以去理想化本身，就是一个有些残酷的过程。但从另一个层面看，这却是真正有意义的部分。因为它让我们和父母在真实的层面上相遇，他们能看到我们的努力，我们也能理解他们的不易。尽管看似强大和完美的外壳被剥落，但真实的联结，却是我们之间最大的奖赏。

和解，就是各自独立

当我们一直在谈和解时，我想我们就是在谈无法离开。

因为这就好像我们尝试着给两个人劝架，告诉你们“不要打下去了，要和解”，本质上却是在热热闹闹地维系着彼此爱恨情仇的“场”。因为不和解，就会一直有人劝，这个场也就自然地进行下去，没有停止的那一天。但若和解了，众人散场，一切仿佛就消失了。所以不能离开，其实才是重点。

可离开意味着什么呢？

在发展心理学的理论里，有一种现象叫作“分离焦虑”，意思是当婴幼儿与亲人分离时会导致一系列的心理反应，比如焦虑、不安、痛苦，等等。这样的反应其实很自然，因为在那么小的孩子眼里，他们还无法在意识上“留住”父母的存在感，只有实实在在地看到父母，才能感受到他们的存在。而一旦离开，就好像消失不见了，所以孩子才会有那么强烈的反应。一般来说，分离焦虑只在婴幼儿期出现，因为随着慢慢长大，孩子就会发展自己的意识，就会明白离开并不代表消失。但感受并不同于意识，如果它的程度足够强烈，并且在当年没有被好好地平抚过，就会被隔离在潜意识里，等未来一旦触及类似的情境，就会激发当年的心境：焦虑、不安和痛苦。

所以我们常常发现，许多成年人也有分离焦虑，而且程度一点都不低。只是相比当年的婴幼儿只能以哭闹来表达情绪，成年人则学会了更多的应对方式。这些方式或者委婉曲折（以各种理由留在当下的情境不愿离开）或者完全相反（对分离显得过度漠然或者无动于衷），但本质上都是对于分离的艰难。

当然，仅仅用分离焦虑来解释还是过于单薄。因为作为一个成年人，我们远比自己想象的要更为复杂。或者说，对于任何一件事的反应，常常都是各种心境的结合而绝非一种心态在起作用。所以分离焦虑，启动的只是我们作为婴幼儿时的恐惧（因为在之后的成长阶段里，父母如果能够抱持住孩子的安全感，这种恐惧是会慢慢消散的），而让分离变得如此艰难的，也许还有更深刻的原因。

心理学家曾奇峰说过一句话：万病源于未分化。（2019年，曾奇峰老师精神分析临床技术演练与实操工作坊）这句话的意思大概是：几乎所有的心理问题，都可以追溯到一个根源，就是父母和孩子始终处于融合状态，没有分开和独立。这句话是值得深思的，因为这就意味着当孩子与父母联结得过于紧密，甚至都变成了一体，不分你我时，他的自我就没有了任何可以成长的空间和机会，心理问题就会因此出现。而这一点也完全适用于我们谈到的关于分离的难题。因为分离，就是将自己从父母那里“分割”出来，从此“你是你，我是我”，我们再也不是一个人，而是自己能够为自己承担的独立的人。

这听起来似乎并不难，因为人人都会面临成长、独立、脱离父母建立自己的家庭这些阶段，好像分离对于每个人来说都是自然而然的事情。但实际上并非如此，在我们的文化里，家就是一个庞大的系统，分离是不被提倡的。比如过去常常提到的“四世同堂”，就意味着几代人要生活在一起，共同为这个“家”贡献自己的力量。而如今，就算这些早已改变，但家和父母对于孩子的意义仍旧复杂和沉重，父母和孩子之间的紧密程度也让分离这件事流于表面。比如如今盛行的“给孩子带孩子”，其实本质上就是在回归和制造曾经的家庭结构。

在咨询室里，我们也总是听到来访者无比渴求地谈到独立愿望，但同时他们又对这样的念头深感无力。因为在他们的人生里，父母与自己从来都是紧紧捆绑在一起的，就算自己并不愿意，却也无力挣脱，因为挣脱出去就仿佛抛弃了父母，这会让他们感到强烈的内疚。另外，由于和父母的过度融合，他们的功能也没有机会发展起来，于是就算想独立也心存恐惧，慢慢地就会放弃这个念头。而另一部分来访者表面上看正处在相反的境地中，他们很少能得到父母的关注与爱，甚至早早就脱离父母独闯社会，于是貌似很早以前他们就与父母“实现分离”了。但实质上，这与前者是一样的，反而在内心他们更难实现分离。因为“被抛弃”并不是自然而然的分离进程。就好比你从来就没有得到过一样东西，你就谈不到释然地放手。所以独立的艰难就在这里。当独立意味着对父母的背叛和抛弃，为此充满了内疚和愧意，或者意味着可能被他们抛弃，又因此充满了痛苦与恐惧，那么，谁又能坦然面对和承受得住呢？

所以分离，必然是一个难题。

当我们谈到这里，不知道是否会给你们带来一种感觉：这件事太难了，我们好像对此无能为力。似乎只有被迫接受的份，却无法为自己做点什么。但实际上，这样的感觉绝不仅仅在我们的身上存在，也就是说，我们的父母作为孩子，他们也曾经经历或者正在经历我们的感受，他们也许比我们承担了更大的捆缚与压力，分离对于他们，何尝不是内心的向往。只是由于年代和自身的局限，他们也许只能努力走出一点点，或者依旧困于原地。所以这样的难题，本质上更像上一代传递下来的困局，期待着被下一代解开。而我们，也只有让自己变得更强大，能够重新解读融合与分离的意义，同时让自己试着去承受那些沉重情感带来的压力，也才有机会改变我们与父母之间的相处模式。让那些原本美好的、带有深深眷恋的情感自然地流动于我们之间，变成真正值得去守护的依恋。

而如此的分离，才会真正实现分离。因为你拥有了独立自我，你的人生才是你能够掌控的。同时，它又实现了“不分离”，因为情感上的坦诚、直面以及理解，这会让彼此之间的联结上升到更高和更深的层面，实现真正意义上的亲密。而这，其实才是我们和他们最需要和最想要的。

后记

对于原生家庭，其实有无数的话题可以谈。就如同精神分析流派的心理咨询一样，每个来访者都有自己对于原生家庭的复杂情感与深刻缠绕。谈论它并不是一种回忆，或者简单的倾诉，而是我们对于自我的回溯与探索。因为只有清楚自己从哪里来，走过了怎样的路，才可能知道我们如今的困境源自何处。

本书共呈现了十二个案例。但这些案例并非完全真实，出于心理咨询的伦理限制，我不能将来访者的隐私公之于众，所以案例中关于人物的关键信息都是被隐去的，内容也经过修改，但有借鉴意义的是，他们内在的心理逻辑与情感表达却是真实的，所以相信你们会从中找到许多熟悉的部分，这些熟悉的部分或者源于生活中发生过的经历或者源于曾经体会过的感受，它们也许或多或少能够帮助你追溯和探索自己的内心。而仅仅这一点，就已是我写作此书的最大价值。

作为一个咨询师，我有着对于内心探索的适度好奇，而这种好奇帮助了我更好地从事我的职业，也让我对于每个人内心的复杂性抱有敬畏。虽然本书有许多分析式的角度和语言，但我也知道这并不代表真理，而只是我自己的一种理解。主动呈现这些，也是我希望能与大家共同探讨和研究的一种方式。

心理的路是一条最为深邃和迷人的路，愿与大家一起且走且谈。

本书涉及的真实部分，已取得来访者的许可。